Notre-Dame de la Délivrande

LE PÈLERINAGE — LA BASILIQUE

Essai historique

PAR

Léon JULES

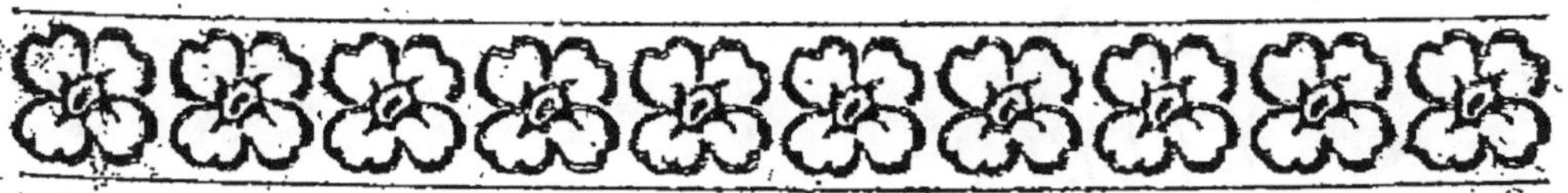

Notre-Dame de la Délivrande

La Chapelle actuelle

Notre-Dame de la Délivrande

LE PÈLERINAGE — LA BASILIQUE

Essai historique

PAR

Léon JULES

CAEN

Société d'Impression de Basse-Normandie, 10, rue de la Monnaie

1924

Au Dieu très-puissant et miséricordieux
infiniment

A la très douce, très bonne et très pure Vierge Marie
Notre-Dame de la Délivrande

J'offre et consacre ce livre tout rempli des preuves
de leur Bonté

———

A mon Père bien-aimé et vénéré

Sa Grandeur Monseigneur LEMONNIER,
Evêque de Bayeux et Lisieux

Je dédie ce modeste fruit de mon obéissance

LÉON JULES.

PRÉFACE

L'histoire du pèlerinage de Notre-Dame de la Délivrande a déjà tenté nombre de plumes expertes. Si j'entreprends de la raconter à mon tour, ce n'est pas que je m'estime plus habile que mes devanciers, et que je dédaigne leurs ouvrages, c'est tout simplement parce que ces ouvrages sont, à l'heure qu'il est, complètement épuisés et qu'il convenait au moins d'en donner une nouvelle édition, revue, et naturellement, mise à jour.

Chargé de cette révision, il m'a paru plus facile et, en même temps, plus approprié aux exigences des lecteurs contemporains de reprendre tout à pied d'œuvre et de rebâtir l'ouvrage sur un plan nouveau.

La plupart de mes devanciers, et en particulier, les deux derniers en date, M. l'abbé Laurent et le bon P. Rabot, traitaient séparément ce qui concerne la chapelle et ce qui a trait au pèlerinage. Dans l'historique même du pèlerinage, ils distinguaient

1

les faits miraculeux, les pèlerinages proprement
dits et les pèlerins plus célèbres. Cela les obligeait
à des redites continuelles qui fatiguent le lecteur et
ne lui permettent pas de se faire une idée d'ensemble.

Je me suis attaché à suivre l'ordre chronologi-
que, groupant dans un même chapitre tous les
faits et événements — quels qu'ils fussent, —
qui s'étaient produits dans le même temps. Je
crois, en effet, qu'on ne comprend bien un fait
ou un événement que si on le situe très exactement dans le cadre des autres faits ou événements
qui l'ont préparé ou qui en ont été la conséquence.

*
* *

Mes devanciers écrivaient en un temps où il
n'était pas encore de mode d'embarrasser un livre d'histoire de savantes dissertations, annota-
tions, références, remarques, etc., enfin de tout
l'appareil critique. Je les ai imités en cela, non
pas que je tienne pour inutile cet appareil, mais
parce qu'il me semble déplacé dans un ouvrage
sans prétentions scientifiques, comme celui-ci.
Qu'on lui fasse une place de choix dans les ouvrages et les revues de pure érudition, rien de plus
juste, rien de plus convenable, mais pour les ou-

*vrages ordinaires, il me semble préférable de ré-
duire notes et références au strict nécessaire.*

*Par exemple, j'ai pris soin d'indiquer les sour-
ces où j'avais puisé mes informations. Ces sour-
ces sont assez nombreuses et je les ai mises à contribution du mieux que j'ai pu. C'est particulièrement en matière d'histoire que le mot de Mo-
lière se légitime et même s'impose : « Je prends
mon bien où je le trouve. » Seulement, les mœurs
littéraires actuelles exigent — et c'est justice —
que l'on reconnaisse ouvertement ses emprunts.*

*J'avoue donc que je dois beaucoup aux ouvra-
ges suivants :*

N.-D. de la Délivrande. Notice historique sur la
Chapelle, *par l'abbé Eug. L..., chanoine honoraire
de Bayeux, Caen, imprimerie religieuse de Pagny,*
1872.

Notice sur la Chapelle de la Délivrande depuis
sa fondation jusqu'à nos jours, *par un missionnaire. 2ᵉ édition, Caen, Chénel imprimeur,* 1885.

Fête du Couronnement de Notre-Dame de la
Délivrande. Notice, *par les RR. PP. Missionnaires du diocèse de Bayeux, Caen, Chénel imprimeur,* 1872.

Histoire des Missionnaires de Notre-Dame de la
Délivrande. *Caen, imprimerie E. Domin,* 1919.

Ce dernier ouvrage a pour auteur le R. P. Gau-

tier, qui en avait colligé tous les matériaux et rédigé à peu près toutes les pages. Pour la période qui va de 1822 à 1904, on ne peut désirer un guide mieux informé et plus sûr. Le R. P. Gautier, homme d'une conscience scrupuleuse, d'une droiture parfaite, d'une haute intelligence, critique averti et écrivain de talent avec cela, avait eu en mains des documents de toute première valeur et d'une authenticité incontestable, le Coutumier de sa communauté, les lettres et papiers de ses confrères, les archives de la Basilique, les journaux et Semaines Religieuses du temps. On peut croire qu'il a mis tout cela à profit, comme il fallait. D'autant que lui-même avait été le témoin oculaire de ce qu'il racontait et que ses souvenirs étaient demeurés très nets. J'en atteste tous ceux qui, comme moi, ont eu le bonheur de le connaître intimement. D'ailleurs, toutes les fois que j'ai pu contrôler ces affirmations, je les ai trouvées parfaitement exactes.

Le R. P. Gautier est encore l'auteur de la brochure sur la Fête du Couronnement. Cette brochure serait précieuse pour une histoire détaillée, parce qu'elle contient in-extenso les différentes pièces officielles relatives au couronnement et les discours qui furent prononcés à cette occasion, — en particulier, l'admirable discours du T. R. P. Picot.

Pour la période qui va de 1904 à 1920, j'ai mis largement à contribution les Annales de Notre-Dame de la Délivrande, dont le premier numéro parut en avril 1906 et le dernier en juin 1920. Ces Annales contiennent, outre l'histoire au jour le jour du pèlerinage, des études de tout premier ordre sur le passé de la Chapelle vénérée, sur ses fastes et son développement progressif, sur les mœurs et coutumes des pèlerins, sur le culte rendu à la Sainte Vierge dans notre Basse-Normandie.

L'un des Chapelains de ce temps-là, aujourd'hui professeur au grand séminaire, le pieux et savant M. Milon, — qui ne me pardonnera, sans doute, que difficilement de citer son nom, — avait découvert et colligé des documents d'une importance capitale pour l'histoire de la Chapelle. Il en avait utilisé quelques-uns pour le plus grand profit de ses lecteurs des Annales. Le temps lui manqua pour utiliser tout et continuer ses recherches ; mais les indications qu'il a données demeurent extrêmement précieuses pour l'historien.

A ses côtés, ou après lui, d'autres érudits s'attachèrent à fixer diverses questions d'histoire locale, inconnues ou mal connues. Je citerai, en particulier, le regretté M. l'abbé Masselin, qui publia l'Abrégé des Miracles, manuscrit inédit de J. Le Marchant, catalogué au n° 100 de la Collection Mancel, à l'Hôtel-de-Ville de Caen.

**
**

L'historien qui voudra donner une étude complète et définitive sur Notre-Dame de la Délivrande, compulsera avec fruit ces revues et ces livres. Il y joindra les pages savantes de Baïocana, dont plusieurs numéros contiennent des études fort intéressantes sur Douvres et la Délivrande ; il consultera les catalogues de la Bibliothèque de Caen où se trouve un lot important d'ouvrages sur la Basse-Normandie, les Archives départementales, les Archives de l'Evêché, les Archives de la commune de Douvres et des communes voisines.

Sans doute, ces recherches demanderont de longues années, mais chacun sait que les travaux d'érudition ne s'improvisent pas.

En attendant, j'ai voulu répondre aux désirs des pieux pèlerins qui aiment de tout leur cœur la bonne Notre-Dame de la Délivrande et demandent qu'on la leur fasse mieux connaître afin de l'aimer encore davantage.

Pour cela, pas n'est besoin d'érudition ; il suffit de prendre les faits connus, authentiques, et de les présenter sous leur vrai jour. De leur ensemble, se dégage une vue historique que je crois satisfaisante pour l'esprit et bienfaisante pour la piété.

Qu'après cela, d'autres plus instruits et mieux outillés que moi, découvrent des faits nouveaux et moissonnent d'abondantes récoltes, où je n'ai pu que glaner, je serai le premier à m'en réjouir. Tout ce qui va à l'honneur de Notre-Dame de la Délivrande ne doit-il pas être, pour ses enfants, une cause d'allégresse ?

Donc que l'on travaille et que l'on s'anime pour mieux chanter, en accords plus nourris et plus beaux, les louanges de Notre Mère du Ciel !

Si dans quelque mesure l'Essai que je livre au public, peut y contribuer, je serai suffisamment payé de ma peine.

*
* *

En terminant, je tiens à déclarer que s'il m'arrive au cours de ce travail de décerner à quelque pieux personnage le titre de saint ou de vénérable, de déclarer miraculeux un fait sur lequel l'autorité ecclésiastique ne s'est pas encore prononcée, je n'ai pas pour autant l'intention de me substituer à cette autorité. En ces délicates matières, c'est aux évêques et au Souverain Pontife qu'il appartient, — et à eux seuls — de décider souverainement. Je leur soumets donc sous réserve tout ce que j'ai écrit, approuvant ce qu'ils approuvent, condamnant d'avance, ce qu'ils condamnent.

Dieu veuille qu'il ne se trouve en ces pages rien de répréhensible et qu'au contraire, comme je le désire ardemment, tout ne tende qu'à faire éclater, dans une lumière plus pure et plus brillante, la gloire de Notre-Dame de la Délivrande !

LÉON JULES.

Notre-Dame de la Délivrande

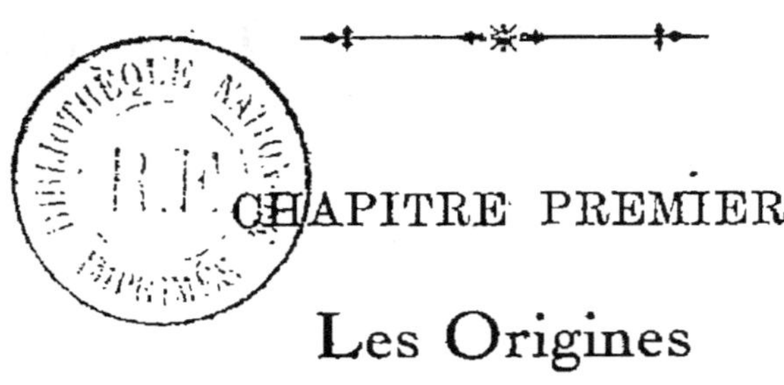

CHAPITRE PREMIER

Les Origines

« Le royaume de France est le royaume de Marie » affirmaient nos pieux ancêtres. A dénombrer les sanctuaires élevés en l'honneur de la Reine du Ciel un peu partout, à considérer leur antiquité, leur beauté et la dévotion des fidèles qui sans cesse y viennent prier, on se convainc facilement que cette affirmation n'a rien d'exagéré. Marie fut et demeure Reine de France.

Dans chacune de nos provinces elle a établi son trône de miséricorde, où, depuis des siècles, ses bons et loyaux sujets accourent implorer sa puissance souveraine et reçoivent avec reconnaissance les grâces qu'elle départit avec une munificence royale.

Entre tous ces sanctuaires, l'un des plus anciens,

l'un des plus célèbres autrefois, et, aujourd'hui encore, l'un des plus fréquentés, est la Basilique de Notre-Dame de la Délivrande, élevée en Basse-Normandie, à treize kilomètres de Caen, sur la route qui conduit à la mer.

Son origine se perd, comme on dit couramment, dans la nuit des âges, ou plutôt, elle s'estompe en traits imprécis dans la brume de traditions respectables, sans doute, et vraies en plus d'un point mais encore mal élucidées par la critique historique.

Si l'on en croit ces traditions qui remontent au moyen-âge et sont consignées dans les anciennes liturgies du diocèse de Bayeux, le premier sanctuaire de Notre-Dame de la Délivrande fut édifié au II° siècle de l'ère chrétienne, entre l'an 78 et l'an 168, par saint Regnobert, successeur immédiat de saint Exupère, sur le siège épiscopal de Bayeux.

Saint Regnobert, disent les vieilles chroniques, avait à cœur la conversion des nombreux Saxons infidèles qui peuplaient le rivage de la Manche. Il les évangélisa et, pour assurer le fruit de son apostolat, fit construire en plusieurs endroits, à quelque distance de l'église paroissiale, des chapelles où il leur fût facile de se rendre et de se grouper entre eux. La Délivrande fut une de ces chapelles. Saint Regnobert avait choisi pour son emplacement une parcelle de la terre de Douvres

qui lui appartenait, la « delle Yvrande » (1). Il
la mit sous le patronage de la Sainte Vierge, pour
laquelle il professait une dévotion très vive et se
plut à lui témoigner une bienveillance particulière. A sa mort, il la légua, avec tous ses autres
biens, aux prêtres de son église cathédrale.

Ce legs devait neuf siècles plus tard, au XIIe
siècle, être confirmé « par l'évêque Odon, frère de
Guillaume le Conquérant et par Richard de Douvres, évêque de Bayeux, qui réunirent à la mense
épiscopale la baronnie de Douvres et d'autres terres dont ils étaient seigneurs » (2).

Par là, s'explique ce fait que la chapelle de la
Délivrande est toujours demeurée sous la juridiction du Chapitre de l'insigne Eglise cathédrale de
Bayeux. Par là aussi, s'explique que, contraire-
ment à l'usage commun dans le diocèse, l'église
paroissiale de Douvres n'eut jamais de statue de
la Sainte Vierge avant la Révolution : la chapelle
de la Délivrande était considérée comme une
annexe de l'église paroissiale, une chapelle de
secours, comme nous dirions aujourd'hui. Et, en
effet, c'était bien cela qu'elle avait été dans l'es-

(1) Ainsi s'explique de la manière la plus probable,
me semble-t-il, l'étymologie de « La Délivrande ». Le
mot « delle » est encore employé dans nos campagnes
bas-normandes et désigne une parcelle d'un champ, d'un
terrain. Il avait sans doute alors un sens plus étendu,
puisque les terres étaient moins morcelées.

(2) M. l'abbé Laurent *Notice historique*, p. 20.

prit de son fondateur saint Regnobert, une chapelle de secours à l'usage des Saxons convertis et
en même temps, la chapelle annexe de la Sainte
Vierge.

Comme on le voit, la tradition rend compte de
bien des choses : elle a donc de grandes chances
d'être vraie. Pourtant, on l'a combattue.

M. l'abbé Laurent cite l'auteur d'une *Notice
sur Notre-Dame-de-Grâce,* qui recule jusqu'au XIᵉ
siècle la fondation de la Délivrande. Comme cet
auteur n'apporte aucune preuve, il est difficile
de le réfuter, et même de le prendre au sérieux.

D'autres historiens raisonnent d'une façon moins
cavalière. S'appuyant sur les savantes dissertations de Mgr Duchesne, ils nient que notre pays
ait été évangélisé au Iᵉʳ siècle, comme le prétend
la tradition. Notre premier évêque, saint Exupère,
— à supposer qu'il ait existé — ne doit pas, d'a-
près leurs calculs, être antérieur au IIIᵉ ou IVᵉ
siècle. Quant à saint Regnobert, on l'identifie à
saint Ragnebert qui vécut au VIIᵉ siècle et fut
évêque de Bayeux de 625 à 666. En conséquence,
ce serait, d'après ces historiens, entre 625 et 666
que se placerait l'érection d'une chapelle en l'honneur de la Sainte Vierge sur la « delle Yvrande ».

Quelles que soient la science et la réputation
des historiens qui soutiennent cette opinion, il
s'en faut qu'elle s'impose. Nombre d'historiens
s'accordent à juger trop sévères les conclusions de
Mgr Duchesne et de son école. Ils leur reprochent,

avec quelque bonne raison, de refuser trop systé-
matiquement crédit aux traditions orales et d'exi-
ger avec une rigueur excessive le témoignage de
documents écrits et datant de l'époque même.
Cela est excessif parce que bien souvent ces documents écrits ont disparu dans les bouleversements
politiques et sociaux qui ont marqué la fin de la
domination romaine en Gaule, l'établissement du
royaume franc et les invasions normandes.

Notre pays de Basse-Normandie, en particulier,
connut, du IXe au XIe siècle, toutes les horreurs
d'une guerre atroce et sans merci. A cette époque,
les Normands vinrent périodiquement assaillir nos
rivages. Ils brûlèrent et dévastèrent tout. Eglises,
chapelles, monastères, manoirs, édifices publics et
maisons particulières, rien n'échappa à leur rage
de destruction. « Ce fut, dit Fossard, cité par
M. l'abbé Laurent (1), tout au commencement de ces
embrasements et ravages universels que la Chapelle de la Délivrande fut brûlée et ruinée de fond
en comble par Hastinc, le premier conducteur de
ces infidèles, qui brûlèrent et pillèrent la cathédrale de Bayeux ».

Tout périt dans ce cataclysme, les édifices et les
parchemins. Il ne resta aucun document qui nous
renseignât de façon indéniable et précise sur la
fondation de la Chapelle et son histoire aux siè-

(1) *Op. cit.*, p. 21.

cles précédents. Seule survécut une tradition orale, plus ou moins nette, qui ne se réveilla tout à fait et ne s'affirma catégoriquement qu'au moment où la chapelle surgit miraculeusement de ses ruines.

CHAPITRE II

La première restauration de la Chapelle

Après deux siècles de courses vagabondes et de pilleries intermittentes, les Normands se fixèrent enfin sur notre sol. Ils se mêlèrent aux habitants, se convertirent à la foi catholique et formèrent une puissante nation chrétienne. Ils rebâtirent les églises qu'ils avaient détruites, en édifièrent d'autres qui, aujourd'hui encore, font l'admiration des hommes d'art, établirent des monastères, et partout s'ingénièrent à effacer jusqu'aux moindres traces de leurs méfaits anciens.

Ce fut peut-être à ces bonnes dispositions que les Normands de Basse-Normandie durent l'honneur d'un message de la Mère de Dieu et le renouveau miraculeux du pèlerinage antique de la Délivrande.

De la Chapelle primitive il ne restait rien et du pèlerinage lui-même à peine un souvenir confus, quand la Sainte Vierge manifesta, par un prodige éclatant, sa volonté d'être honorée aux lieux où son dévot serviteur, saint Regnobert, avait le premier édifié un temple en son honneur.

La terre de la Délivrande était en ces temps-là de la mouvance de Réviers et appartenait au comte Baudouin, qui réunissait à de riches domaines en Angleterre, la baronnie de Douvres et divers fiefs dans le Bessin.

Ce comte Baudouin paraît avoir eu de grands sentiments de foi et un zèle ardent pour le culte divin, si, comme l'assure Guillaume de Jumiéges (1), ce fut lui qui fonda l'abbaye de Montebourg et lui donna le patronage de Réviers. En récompense de sa généreuse piété et, sans doute, aussi pour lui permettre d'ajouter à toutes les œuvres déjà accomplies une entreprise qui les couronnât dignement, la Sainte Vierge lui suggéra miraculeusement le dessein de rebâtir sa chapelle de la Délivrande et d'y rétablir l'antique pèlerinage.

Voici les faits tels que les rapporte Fossard dans son *Ancienne fondation de la Chapelle de Notre-Dame de la Délivrande* : « En ce temps, dit-il, vivait un seigneur nommé Baudoin, comte du Bessin, qui se tenait en sa baronnie de Douvres, de l'évêché de Bayeux ; le berger duquel seigneur apperçoit que l'un de ses moutons, par plusieurs fois, se retirait du troupeau et courait en un lieu auprès de la pâture ; là, de pied et de corne, frappait et fouillait la terre, puis, étant las, il se couchait à la place même où, de présent, est la niche

(1) *Histoire de Normandie,* p. 278.

et l'Image de la Vierge, en la Chapelle de la Délivrande. Ce mouton ne prenait aucune nourriture et était néanmoins le plus gras de la bergerie. Le comte, croyant que ce lui était un avertissement envoyé du Ciel, se transporta sur le lieu, accompagné de sa noblesse et d'un saint hermite, avec le peuple qui y courut des lieux circonvoisins : il commanda de parachever la fosse que le mouton avait commencée. On y trouva l'Image de Notre-Dame : il y a présent plus de huit cents ans. Cette Image fut portée en procession solennelle, avec une commune allégresse de tout le peuple, dans l'église de Douvres ; mais tôt après, elle fut apportée par le ministère d'un ange au lieu même où elle fut trouvée. Dieu montra, par ce transport et cette intervention miraculeuse, qu'il avait choisi ce lieu plus particulièrement pour son service et pour celui de la glorieuse Vierge Marie, sa Mère. Alors le comte, connaissant la volonté divine, il fit édifier et fonder la Chapelle qui est encore à présent et la donna à Messieurs du Chapitre ».

Comme le note fort bien le « missionnaire » auteur de la *Notice sur la Chapelle de la Délivrande*, ce fut d'après l'avis préalable et le consentement du Chapitre, que le comte Baudoin fit reconstruire la Chapelle. La donation qu'il fit par ensuite et que confirmèrent Odon et Richard de Douvres, évêques de Bayeux, fut une simple reconnaissance des droits traditionnels du Chapitre sur la Chapelle et le pèlerinage, une réédition, si l'on veut, et une mise au point des dispositions testamentaires stipulées par saint Regnobert.

Ainsi donc, après deux siècles de silence et d'oubli, deux siècles aussi de cruelles épreuves pour toute la contrée, l'œuvre de saint Regnobert surgissait de ses cendres et apportait au diocèse de Bayeux, avec l'Image retrouvée de sa Reine et de sa protectrice, le gage de jours meilleurs, de grâces plus abondantes et d'un renouveau de piété solide.

Nous ne connaissons rien des manifestations qui accompagnèrent l'invention de la sainte Image et l'érection du nouveau temple. Un érudit du XVIe siècle, M. de Bras, dit dans ses *Recherches et antiquités de la ville de Caen*, publiées en 1588, que la nouvelle du miracle se répandit rapidement et que depuis lors la Délivrande devint célèbre et fut visitée d'une infinité de pèlerins.

M. Laffetay, dans son *Histoire du diocèse de Bayeux*, déclare de son côté que « le pèlerinage de Notre-Dame d'Yvrande n'était pas moins célèbre au moyen-âge que celui du Mont-Saint-Michel. On s'y rendait de tous les points de la Normandie, de toutes les provinces de France et même des royaumes étrangers ».

« A en juger d'après l'extrait d'un manuscrit du XIVe siècle, cité par un savant archéologue, ce pèlerinage était probablement passé en habitude dans les plus nobles familles de la Basse-Normandie. On lit, en effet : « De ce fief (Bailleul-la-Vallée, dans l'Eure) dépend un quart de ce fief de haubert, nommé le fief de Goneville, situé dans la commune de Coquainville-sur-Touque, dont le seigneur est tenu de mener la mule ou haquenée de la dame de Bailleul par la bride, tout le long dé la chaussée de Coquainville, lorsqu'il lui plait de faire le voyage de la Délivrande ».

« Dans la première moitié du XVIe siècle, le concours des pèlerins, prêtres et fidèles, était si considérable que le Chapitre de Bayeux fut obligé de réglementer l'ordre à suivre dans la célébration des messes (2 mai 1524) et plus tard (29 juin 1541) la tenue intérieure de la Chapelle » (1).

Parmi ces pèlerins, l'histoire a conservé pour la période qui nous occupe, le souvenir du roi Louis XI.

« On sait que Louis XI, dit Hermant, quoique prince peu scrupuleux, comme il en donna tant de preuves en tout le cours de sa vie, ne laissait pas d'avoir une dévotion toute particulière à la Sainte Vierge ; ses fréquents pèlerinage à Notre-Dame de Cléry, qu'il enrichit de tant de présents, en sont d'assez fortes preuves. Par une suite de cette même dévotion, ayant appris qu'il y avait dans le diocèse de Bayeux, à trois lieues de la ville de Caen, une Chapelle célèbre par le concours des peuples qui y viennent, même des royaumes

(1) *Notice par un missionnaire*, p. 71-72.

étrangers, et par l'assistance qu'en reçoivent les personnes malades et affligées ; dans laquelle la Sainte Vierge est honorée sous le nom de Notre-Dame de la Délivrande, il résolut d'y aller en pèlerinage. Louis de Harcourt, évêque de Bayeux, eut l'honneur de l'accompagner dans ce pèlerinage » (1).

« Louis XI, arrivé à la Délivrande le 14 août, n'en repartit que le 19. Outre Louis de Harcourt, il avait avec lui Louis de Bourbon, amiral de France, et le duc de Torcy, grand ministre des arbalétriers.

« Louis XI fit dresser un beau contre-autel où il était gravé en pierre... (2) le roi donna encore en offrande trois cent trois écus, et des étoffes pour faire des ornements (3).

« Naguère on trouvait à Rouen, dans les dragages de la Seine, une petite image en plomb du XVe siècle. Le sujet du médaillon, qui fait le centre d'une croix, représente la Sainte Vierge portant l'Enfant Jésus. A sa droite une figure en prière, à sa gauche une licorne ; puis pour accesroires un vaisseau et des entraves. La légende très complète de ce médaillon porte : *Notre-Dame de la Délivrande.* Un antiquaire distingué, M. le conseil-

(1) Hermant, *Histoire du diocèse de Bayeux*, p. 351.
(2) De Bras, *Recherches et Antiquités*, p. 65.
(3) De Bras, *Recherches et Antiquités*. — De la Rue, *Essais historiques sur la Ville de Caen*. t. II.

ler de Beaurepaire, président de la Société des Antiquaires, affirme que c'est bien là un insigne de pèlerinage qui ne saurait être attribué qu'à Notre-Dame de la Délivrande, près Caen. On se figure aisément Louis XI attachant sur son chapeau, à côté de Notre-Dame de Cléry, un de ces plombs de pèlerinage représentant Notre-Dame de la Délivrande » (1).

Si le pèlerinage de la Délivrande avait acquis une telle célébrité qu'un roi de France n'hésitait pas à y venir faire ses dévotions, c'est, évidemment, que la Sainte Vierge récompensait par d'insignes faveurs la piété des pèlerins. Le récit de ces faveurs fut consigné en plusieurs documents qui, comme nous le verrons, furent détruits par les Protestants.

Fossard qui en avait eu quelque connaissance par les témoignages d'une tradition orale encore récente, parle d'un « nombre infini de merveilles », de « maladies incurables divinement guéries », mais ne cite que des faits postérieurs au XVIe siècle.

Un chanoine de Bayeux, Antoine Solier, nous a conservé le souvenir de deux faits miraculeux arrivés de son temps, c'est-à-dire au début du XVIe siècle.

Voici ces deux faits tels que les avait résumés le « missionnaire », auteur de la *Notice*.

____

(1) *Notice* par un missionnaire, p. 90-92.

« Un marchand de Normandie, pris en mer par les Sarrasins, gémissait, chargé de fers, dans un dur esclavage. Ayant perdu toute espérance de revoir sa patrie, abandonné des hommes, il eut recours à la Mère de Miséricorde.

« Si j'obtiens de vous ma délivrance, lui disait-
« il, je vous promets, aussitôt que je serai sorti
« de cette dure prison, d'aller visiter le temple
« que l'on vous a consacré, sur le territoire de
« Bayeux, dans un lieu appelé vulgairement la
« Délivrande, temple célèbre où les chrétiens ac-
« courent de toutes parts pour recueillir les grâ-
« ces que vous y répandez avec abondance ».
Après cette prière, il s'endormit, entouré des gardiens de la prison. C'était au milieu d'une nuit orageuse. Tous étaient plongés dans un profond sommeil, lorsque subitement le captif est réveillé par le bruit qu'ont fait ses fers en se brisant ; seul il s'est aperçu du prodige. Alors se voyant libre, il trompe la vigilance des gardes et prend la fuite. Cependant, il n'avait pas entièrement recouvré l'usage de ses membres ; son cou était encore entouré du lourd carcan auquel la chaîne avait été attachée. Nul effort humain n'avait pu l'en délivrer. Malgré cette entrave, il se rendit avec empressement à la Chapelle de la Vierge, lui exprima d'abord sa vive reconnaissance ; puis, prosterné devant l'Image de Marie, il la conjura avec larmes de couronner ses bienfaits en le délivrant du poids importun dont il était accablé. A

peine eut-il terminé sa prière, que le carcan, s'ouvrant avec bruit, se détacha de son cou et lui rendit son entière liberté. Le pieux pèlerin, après avoir remercié de nouveau sa libératrice, se hâta de publier toutes les grâces qu'il avait reçues et suspendit ses chaînes auprès de la Statue de la Vierge comme pour perpétuer la mémoire de sa délivrance. Il peut y avoir vingt-cinq ans, ajoute l'auteur, que cet événement s'est passé : tous les habitants du pays en ont gardé le souvenir ». Dans les Archives de l'Evêché, à la date du 7 février 1526, on lit que le Chapitre de Bayeux chargea l'Official de Caen d'informer de ce miracle ».

Second miracle : « La Normandie était affligée d'une horrible disette. Un avare, au lieu de se rendre à l'église, un jour de dimanche, s'en alla visiter ses greniers, pour avoir le plaisir de contempler ses immenses provisions. A peine eut-il ouvert la porte, qu'il aperçut une multitude de rats qui mangeaient le blé, et qui, aussitôt, se précipitant sur lui, l'assaillirent de toutes parts. Le danger réveilla la foi du méchant : il eut recours à Notre-Dame de la Délivrande, et sur le champ toute la vermine qui le déchirait l'abandonna et disparut. Mais il fit vœu d'aller tous les dimanches à la Délivrande, et d'y faire célébrer la sainte Messe en action de grâces de sa demande. Il fut fidèle à cet engagement tant qu'il vécut, et obligea ses héritiers à continuer la même dévotion après sa mort ; ce qu'ils ont constamment observé jusqu'à ce jour, remarque notre écrivain, comme je l'ai appris moi-même des prêtres de la sainte Chapelle ».

Peut-être n'est-il pas inutile de faire remarquer, — pour les esprits critiques que l'annonce d'un miracle met en défiance et qui exigent des preuves irréfutables, — que le chanoine Solier parle d'événements tout récents, qu'il les cite dans une discussion publique contre le célèbre Erasme, qu'il lui était donc moralement impossible d'inventer ou de dénaturer des faits dont les témoins vivaient encore et auraient pu le réfuter, qu'enfin son témoignage, au moins pour le premier de ces faits, est corroboré par le jugement autorisé de l'official diocésain.

A moins de nier à priori la possibilité du miracle ou, ce qui revient au même, à moins d'être disposé de parti-pris à rejeter tout miracle qui se présentera, on ne peut refuser créance au récit du bon chanoine.

Et l'on comprend alors pourquoi le sanctuaire de la Délivrande fut tenu en si grand honneur pendant tout le moyen-âge, pourquoi les foules y affluèrent de tous les coins de la Normandie, de la France et même de l'étranger, comment se répandit le culte de la Sainte Vierge et s'accrut la confiance en son intervention toute puissante.

Car les faits que rapporte Solier ne furent pas la seule marque de la protection accordée par Marie à ses dévots serviteurs, peut-être même ne furent-ils pas les plus extraordinaires, ni les plus grands. Si le chanoine Solier les cite, c'est parce qu'il les connaît mieux, qu'ils sont récents et qu'il ne craint aucun démenti de son redoutable adversaire Erasme. Mais il note, et Fossard notera après lui, que bien d'autres miracles ont été enregistrés dans les annales de la Chapelle.

Malheureusement, ces annales ont péri, comme tant d'autres documents intéressant notre histoire religieuse et nationale, dans la tourmente du Protestantisme. La Chapelle elle-même risqua fort d'être à nouveau détruite.

Déjà, vers la fin du XIVe siècle, elle avait eu fort à pâtir des Anglais qui pour lors guerroyaient âprement contre le Roi de France et ne ménageaient rien des régions qu'ils occupaient ou dont il s'emparaient. « Le 20 avril 1373, c'est-à-dire à peu près au milieu de la guerre de Cent-Ans, les députés du Chapitre présentent un inventaire des meubles qu'ils ont trouvé dans la Chapelle ». Ils dénombrent : « un calice et patène d'argent, un plat d'étain, une chasuble, une étole et un manipule, une aube, cinq nappes, quelques corporaux, un vieux bréviaire et une petite cloche. » (1).

C'était vraiment peu de choses. Aussi la piété des fidèles s'émut. Les Archives de l'Evêché notent que le 3 juin 1374, M. d'Etampes faisait don

______

(1) *Notice* par un missionnaire, p. 16.

d'une chasuble rouge, que le 17 septembre 1385, « des commissaires étaient envoyés pour faire réparer les images de ladite Chapelle et tout ce qui sera nécessaire, que le 10 novembre 1390, le revenu de l'église s'éleva à la somme, considérable pour le temps, de 1.400 livres, qu'en 1422, le Chapitre ajouta une Chapelle à la nef, qu'en 1434, il fit paver la nef et peindre la voûte, qu'en 1435, il envoya de nouveau des commissaires « pour aviser à la restauration des images et prescrire toute chose nécessaire » (1).

La victoire de Formigny (1450) mit fin à la domination anglaise sur le sol normand. Le pèlerinage de la Délivrande ressentit l'un des premiers le grand bienfait de la paix et se développa de plus en plus. Les Archives de l'Evêché notent qu'en 1523 « Pierre Legendre, trésorier général de France, fit construire une Chapelle destinée à faire pendant à celle qui avait été construite en 1422, en formant avec elle le croisillon » (2). Ces deux Chapelles furent dédiées dans la suite l'une à sainte Anne, l'autre à saint Joseph.

Mais cette ère de prospérité fut brutalement interrompue par le brigandage des protestants.

Les doctrines calvinistes ne furent guère connues et prêchées dans la région de Caen qu'après 1550.

____

(1) *Notice* par un missionnaire, p. 16-17.
(2) *Notice,* p. 17.

En 1531, un gardien des Cordeliers, Nicolas Roussin, avait bien essayé d'introduire dans la chaire les thèses hérétiques de la Réforme, mais sa prédication n'eut pas le succès qu'il en attendait. Dénoncé aussitôt et condamné par l'Université, il avait été déposé de son office et enfermé dans un couvent.

Vers la fin du règne de Henri II (1547-1559), un mauvais vent de révolte souffla sur le pays. On était las des impôts et subsides que le pitoyable état des finances rendait chaque année plus accablants, et l'on prêtait une oreille favorable à quiconque parlait de réforme. Les prédicants calvinistes saisirent cette occasion d'insinuer leurs erreurs et, mêlant dans leurs diatribes passionnées, la politique et la religion, les questions d'argent et les questions dogmatiques, la discipline ecclésiastique et les impôts, ils séduisirent une assez grande quantité de peuple pour que bientôt ils pussent se croire les maîtres de la cité. On vit alors à quoi tendait tout leur beau zèle de justice et de charité et qu'en réalité, là comme ailleurs, ils ne prétendaient qu'à molester les gens d'église et abattre la religion catholique. Les 8 et 9 mai 1562 « tous les temples, églises et monastères de Caen furent pillés et saccagés » (1). Autant en

______

(1) Pierre Carel, *Histoire de la ville de Caen*, p. 18. Pour ce qui regarde le protestantisme à Caen, j'ai surtout résumé ce livre. A noter que la *Notice* donne comme date du pillage l'année 1561.

advint ensuite à toutes les églises et monastères des environs. Les protestants, dans leur rage de destruction, n'épargnèrent rien. Ils s'en prirent même aux personnes et l'on frémit en lisant le détail des supplices qu'ils infligèrent aux religieux, aux religieuses, aux prêtres et aux catholiques notoires dans un grand nombre de paroisses.

La Chapelle de la Délivrande ne pouvait échapper à leurs coups. Elle était dédiée à la Sainte Vierge, qu'ils haïssaient plus que tout, elle attirait chaque année de nombreux pèlerins et consolidait leur foi catholique en la puissance d'intercession de la Reine des Saints, — puissance qu'ils niaient énergiquement, — elle paraissait à la fois le foyer le plus ardent et le plus inexpugnable rempart de la piété dans notre pays, c'était plus qu'il n'en fallait pour attirer leur attention et exciter leur haine. Ils envoyèrent donc un fort parti de leurs gens qui occupèrent sans coup férir la Délivrande, et tout aussitôt, forcèrent la Chapelle, s'emparèrent des vases sacrés et de tout ce qui pouvait avoir quelque valeur marchande, firent un feu de joie des tableaux et détruisirent, après les avoir souillés, les ornements servant au culte.

Ce fut un triste mois de Marie à la Délivrande que ce mois de mai 1562. Ce fut aussi, pour tous les patriotes de Basse-Normandie, le début d'une rude épreuve et l'occasion de poignantes angoisses.

Sous l'impulsion de leur chef, l'amiral Coligny, les protestants firent alliance secrète avec l'Angleterre et ouvrirent nos portes à ses soldats. « Au mois d'octobre 1562, Warwick vint occuper le Hâvre avec 6.000 hommes ». Quelques jours plus tard, un gentilhomme bas-normand, Montgomery, les introduit à Rouen. De là ils descendent chez nous. Coligny arrive à Caen le 15 février 1563. La ville est commandée au point de vue militaire par M. de Renouard de Bailleul, qui tient garnison dans le Château avec un fort contingent de soldats français. A l'approche de l'ennemi, Renouard fait fermer les portes de la ville et en garde les clefs par devers lui, mais les calvinistes « rompent les portes » et accueillent à bras ouverts le traître Coligny et ses Anglais. Le Château tiendra plus longtemps, mais à la nouvelle de l'assassinat du duc de Guise, commandant en chef des forces catholiques et françaises, la panique s'empare de Renouard et de ses soldats. Ils croient tout perdu et se rendent (1). (Mars 1563).

Amenés par la trahison des protestants, les Anglais reprenaient possession du vieux sol normand et l'on pouvait se demander et l'on se demandait à tous les foyers catholiques et français si cette nouvelle invasion n'allait pas durer aussi longtemps que la première.

La divine Providence nous épargna ce malheur.

(1) *Histoire de la ville de Caen* par P. Carel, p. 28-33.

CHAPITRE III

La deuxième restauration de la Chapelle

Les fidèles n'avaient pas attendu que la paix fût rendue à notre patrie pour réparer l'injure faite à la Sainte Vierge et les dégâts causés à sa Chapelle par les protestants. Un mois et demi après le pillage, c'est-à-dire le 31 juin 1562, le Chapitre de Bayeux envoyait des commissaires pour rétablir toutes choses dans le meilleur état possible.

Hélas ! les possibilités n'étaient pas étendues. Les protestants avaient volé tout ce qu'ils avaient pu et détruit ce qu'ils n'avaient pu voler. D'autre part, ils avaient rançonné sévèrement les catholiques en telle sorte et manière qu'on ne pouvait décemment faire appel à leur générosité. Le dénuement était tel qu'on dut se contenter de calices d'étain pour remplacer ceux qui avaient été volés.

Mais après la pacification religieuse du pays, quand les protestants furent contraints de respecter la liberté des catholiques et obligés à tenir compte de la loi morale tout comme de la loi civile, dans le renouveau de civilisation qui commença dès lors, « la vénération pour la Chapelle de la Délivrande reprit un nouvel essor, et la piété des fidèles se montra de plus en plus généreuse pour décorer le Sanctuaire de leur protectrice ».

« Nous ne pouvons énumérer dans une courte notice toutes les offrandes de cette époque dont on a gardé le souvenir ; cela nous entraînerait dans de trop longs détails, qui offriraient bien peu d'intérêt à la plupart de nos lecteurs. Nous rapporterons seulement ce qu'écrivait un auteur au commencement du XVIIIe siècle : « On y dit la messe à cinq autels, dont le principal est orné de beaucoup d'argenterie. Treize lampes d'argent brûlent dans cette même Chapelle » (1).

« Tel était, du reste, le zèle des fidèles pour orner le temple de Marie, que le Chapitre, dès le commencement du XVIIe siècle (1600), afin d'écarter les abus et d'empêcher la confusion, fit défense de suspendre aucun objet pour la décoration de la Chapelle, sans une autorisation spéciale. Ce ne fut que longtemps après, qu'on avisa à placer un tronc devant la statue de la Sainte Vierge, pour recueillir les offrandes des pèlerins ». (3 juin 1670) (2).

Ceux-ci d'ailleurs affluaient. Parmi les plus cé-

(1) Bruzen de la Martinière. *Diction. géogr. histor.* 1726. Article fait d'après un mémoire composé sur le lieu en 1704. Note de la *Notice,* p. 18.

(2) *Notice,* p. 19.

lèbres, il conviendrait, d'après les *Ephémérides normandes* de Lange, de citer le roi Louis XIII, mais aucun document n'authentique jusqu'ici cette assertion.

En revanche, Fossard nous a laissé le récit de quelques miracles bien et dûment constatés, choisis parmi les « nombreux bénéfices dus à Notre-Dame de la Délivrande en ce temps là ».

En voici quelques-uns recueillis dans la *Notice* (1) :

« Il y a deux tableaux attachés contre la muraille de la Chapelle et qui contiennent l'histoire de trois personnes malades, guéries miraculeusement par l'entremise de la Vierge. Le premier est dans la nef, qui porte à la postérité la cure miraculeuse tant d'un gentilhomme que de la demoiselle, sa fille. Le second tableau est au chœur de la Chapelle, après l'Image de la Vierge, et représente le portrait d'un jeune enfant, âgé de treize ans, fils d'un marchand de Caen, nommé Abel Caval, lequel fut guéri le 17 de septembre 1625, en ladite Chapelle, tout en un instant ; l'enfant était perclus de ses membres, ce qui le rendait si impotent qu'il ne pouvait marcher. Les prières de ses père et mère parachevées dans ladite Chapelle, l'enfant marcha d'un pas assuré sans l'aide de personne, et retourna à l'hôtellerie, d'où il avait été apporté le matin entre les bras de son

---

(1) *Notice*, p. 111 et suiv.

père, n'ayant pu marcher ni se tenir debout depuis le temps de quatre ans et demi ».

« Le Chapitre délégua des commissaires pour informer de cet événement miraculeux, le 25 septembre 1625 ».

« Un paralytique de Sémilly, en Cotentin, fut guéri en ladite Chapelle. Le Chapitre informa également ».

« Raoul Adeline, de la paroisse de Saint-Sauveur de la ville de Caen, reçut derechef le don de parler en ladite Chapelle, le vendredi, deuxième jour d'août 1624, lorsqu'on élevait le corps de Notre-Seigneur. Or, il avait perdu la parole le dimanche précédent, après avoir blasphémé le saint nom de Dieu, par plusieurs reprises ».

« Au mois de juillet 1642, sont venus à la Délivrande, Isaac le Gros, maître de navire ; Etienne Deschamps, pilote ; Pierre Pelley, Guillaume Roumission et Guillaume le Gros, mariniers ; lesquels ont attesté que le vendredi onze dudit mois et an, ayant été pris par les Turcs et enchaînés au fond d'un navire l'espace de trois jours, ils furent délivrés miraculeusement par la grâce de Dieu, et par l'intercession de Notre-Dame de la Délivrande. En témoignage de quoi ils sont venus audit lieu rendre grâces à Dieu et à la Sainte Vierge, et ont apporté les chaînes dont ils étaient enchaînés, et ont signé ladite attestation et mise aux mains du Chapelain de cette Chapelle ».

« En 1701, il se donna une nouvelle édition du

petit livre de Fossard. On y avait inséré le fait suivant : « Charles Féret, capitaine de vaisseau au Hâvre, fut préservé d'un naufrage imminent en revenant de Lisbonne, le 12 décembre 1700. Il reconnut là l'intervention divine et se convertit à la religion catholique avec deux de ses frères reconnaissants envers Notre-Dame de la Délivrande (qu'ils avaient, sans doute, invoquée, quoique protestants), ils donnèrent un tableau qui fut attaché au-dessus de la porte de la sainte Chapelle ».

« Nous avons reproduit ces faits, ajoute le prudent et humble missionnaire, sans prétendre nous constituer juge en dernier ressort : ce serait usurper un droit qui ne nous appartient pas. Nous tenons à l'affirmer, et, à l'occasion de ces faits anciens, et à l'occasion des faits plus récents que nous devons bientôt raconter. Quoi qu'il en soit, « le grand nombre d'informations ordonnées par le Chapitre de Bayeux, dit M. l'abbé Laurent, indiquent assez que des miracles s'opéraient fréquemment dans la Chapelle de la Sainte Vierge. Pendant l'espace de cinquante ans, de 1619 à 1672, nous voyons des commissaires envoyés à la Délivrande pour informer des faits miraculeux, à quatorze reprises différentes, dont la date est indiquée dans les Archives de l'Evêché, et il est probable que toutes les informations de ce genre n'ont pas été consignées ».

Tant de bienfaits prodigués par la Sainte Vierge augmentaient la dévotion et la confiance des fidèles en des proportions extraordinaires. On en eut la preuve en 1635, quand une espèce de peste s'abattit sur la ville de Caen et la désola. « Les Pères Capucins, dit le missionnaire, auteur de la *Notice* (1), se dévouèrent comme de coutume au soulagement des malades, mais ils crurent avec raison que le secours venu d'en-haut serait plus efficace que tous les soins. Ils résolurent donc de se rendre en procession à la Délivrande afin d'implorer, par l'intercession de Marie, la cessation du fléau. Ils se trouvèrent au nombre de quarante, portant tous une croix de bois. Le résultat fut tel que l'honneur en revint aux Pères Capucins. L'usage du pèlerinage devint annuel. Tous les ans, le mardi dans l'Octave de la Fête-Dieu, les Capucins de Caen se rendaient processionnellement à la Délivrande. Les Capucins de toutes les communautés des environs, venaient se joindre à eux. Une grande affluence de pèlerins suivait ces Religieux. On parlait des miracles qui avaient lieu communément à cette occasion. Le Père d'Argentan, capucin, auteur des *Conférences théologiques sur les Grandeurs de la Très Sainte Vierge, Mère de Dieu*, raconte une guérison miraculeuse opérée en faveur d'une femme de Bourg-l'Abbé, et il affirme en avoir été témoin. Les bons Pères prenaient leur modeste repas dans un vaste appartement de l'hôtel Notre-Dame, qui, il y a quelques

______

(1) *Notice*, p. 79.

années encore, s'appelait la « Chambre des Capucins ». Au retour de la procession, le clergé de Saint-Pierre, portant le Saint Sacrement, s'avançait jusqu'au bout de la rue du Vaugueux, à la rencontre des bons Pères ».

Ce pèlerinage s'accomplit pour la dernière fois en 1791, en pleine tourmente révolutionnaire, alors que les ordres religieux étaient légalement supprimés et leurs membres proscrits.

La procession solennelle des Capucins ne fut pas la seule dont l'usage s'établit ou se continua pendant le XVIIe siècle.

« On lit (1) qu'en 1672, la procession de Saint-Pierre de Caen, se rendit à la Délivrande selon sa coutume. La même coutume était observée dans les autres paroisses de la ville, il y a plus de trois cents ans, comme le prouvent les comptes des trésoriers citant les dépenses qu'ils ont faites à cette occasion.

« Le 12 juin 1696, MM. les Chanoines de la Cathédrale de Bayeux, vinrent en procession à la Délivrande, avec Mgr de Nesmond, leur évêque. On dit la messe sur la place, en dehors de la Chapelle, avec toute la pompe et la magnificence imaginables.

« Vers le même temps, MM. les Membres de la Conférence de Cambremer, y conduisirent leurs

____

(1) *Notice,* pp. 76 et seq.

paroissiens. Jamais on n'avait vu dans nos contrées manifestation aussi imposante. Cette belle procession fut organisée par l'abbé du Val-Richer, vicaire-général de l'exemption de Cambremer. Il y invita tout ce qu'il y avait de personnages distingués dans le Pays d'Auge. Plus de deux cents ecclésiastiques, suivis d'une foule immense, traversèrent en bel ordre la ville de Caen, tout émerveillée d'une telle procession, la plus belle et la plus singulière qu'on ait jamais vue.

« Les Ordres et les Communautés religieuses de la ville de Caen ne montrèrent pas moins de zèle que les paroisses pour la dévotion du pèlerinage.

« Madame Laurence de Budos, abbesse du royal monastère de Sainte-Trinité de Caen, voua à Notre-Dame sa personne et ses filles pendant une contagion qui infestait le pays. La Sainte Vierge eut sa piété si agréable, que la protection qu'elle prit de sa communauté pourrait passer pour miraculeuse. Depuis son vœu, elle ne manquait point d'envoyer MM. les aumôniers de l'abbaye, les officiers et les domestiques, tous les ans, le jour de Notre-Dame de la Pitié, à la sainte Chapelle pour lui renouveler son hommage, accompagnant ce pèlerinage de quelque beau présent ».

En agissant ainsi, Madame l'abbesse de Sainte-Trinité ne faisait que se conformer à l'usage général des pèlerins. Nous en avons la preuve dans ce fait que la Chapelle excita, par les richesses que depuis le pillage des protestants, y avaient apportées les pieux fidèles, la convoitise de nombreux malfaiteurs. Les Archives de l'Evêché notent qu'une information pour vol eut lieu dès l'année 1594. « Le 2 mai 1639, la Chapelle fut forcée pendant la nuit : les voleurs enlevèrent trois lampes d'argent ». En 1645, nouvel attentat, au cours duquel furent enlevés les objets les plus précieux. A cette occasion, Mgr Jacques d'Angennes, évêque de Bayeux, vint avec le Chapitre de la Cathédrale et procéda à une cérémonie expiatoire.

Quinze ans plus tard, en 1660, une bande de voleurs s'empara de toute l'argenterie de la Chapelle et même emporta le ciboire qui contenait les saintes hosties. La Sainte Vierge ne permit pas que ce dernier méfait demeurât impuni. Le principal acteur du drame sacrilège, un nommé Julien Castel fut pris, condamné à la roue et exposé à la Délivrande. De son côté, le Chapitre de la Cathédrale ordonnait, en réparation de l'outrage sacrilège fait à la sainte Eucharistie, une procession générale dans la Chapelle, qui eut lieu le mois suivant, 5 novembre 1660.

Malgré tous ces larcins, la Chapelle ne cessait de s'embellir, ou du moins de s'agrandir. C'est d'abord le chœur que l'on allonge et que l'on termine par un rond-point, puis on construit une niche monumentale pour la Statue vénérée, puis on élève un portail latéral avec entablement soutenu par des colonnes corinthiennes, on bâtit une sacristie (1617), on agrandit les fenêtres du chœur (1629) ; enfin, celles de la nef (1650) » (1).

Toutes ces constructions n'étaient peut-être pas d'un goût très sûr et, en tout cas, elles cadraient mal avec le style du sanctuaire primitif. D'autre part, elles se suivaient au petit bonheur, sans unité de vues, sans plan d'ensemble. Il eût fallu, à la tête de ces entreprises, un homme dévoué qui eût pris à tâche de se consacrer uniquement au service de la Chapelle.

Cet homme se trouva dans la première moitié du XVIIe siècle, en la personne de Gilles Buhot. Jusqu'en 1638 « le Chapitre de Bayeux faisait administrer la Chapelle, tantôt par un fermier, tantôt par des commissaires ». A partir de 1638, le système des commissaires prévalut, et grâce à l'intelligence, au dévouement, à l'énergie, à la piété du commissaire choisi par le Chapitre, le chanoine Gilles Buhot, donna des résultats inespérés.

« Ce prêtre distingué, nous dirons même, déclare le missionnaire, auteur de la *Notice* (2), le plus distingué que le diocèse de Bayeux ait produit au XVIIe siècle, mérite une mention spéciale. Né à Bayeux, en 1602, Gilles Buhot avait quitté le barreau ,où il plaidait avec distinction, pour se consacrer au service de l'Eglise. Etant chanoine de la prébende de Cartigny, dans l'église cathédrale de

____

(1) *Notice*, pp. 20-21.
(2) *Notice*, pp. 73-75.

Bayeux, il fut chargé par le Chapitre du soin de la Chapelle de la Délivrande. Il l'administra pendant trente ans, avec un zèle et un désintéressement au-dessus de tout éloge.

« Le Chapitre ne lui avait alloué aucune espèce d'honoraires. Il n'en préleva cependant jamais sur les offrandes faites à la Chapelle..... Malgré l'affluence des pèlerins, il n'y avait que deux ecclésiastiques attachés au pieux Sanctuaire, quand il en reçut la direction. Il n'hésita pas à partager leur modeste habitation, afin de leur donner l'exemple du travail. Peu à peu, la Providence lui envoya des auxiliaires : un certain nombre de prêtres vinrent lui offrir leur concours, ou plutôt se placer sous sa conduite. Ce fut alors qu'il conçut le projet d'ouvrir, auprès de la Chapelle, une école pratique où les jeunes ecclésiastiques pussent se former au saint ministère sous les auspices de la Mère de Dieu » (1).

« Les succès de Gilles Buhot lui suscitèrent des ennemis. Il fut obligé de justifier son administration. Or, dans les comptes qu'il présenta au Chapitre (1671), il observe qu'il se dit chaque année dans la Chapelle environ dix-huit mille messes, à cinq autels, « savoir, dit-il, treize à quatorze mille par les prêtres habitués et le reste par d'autres prêtres à leur dévotion ». On y comptait plus de soixante mille communions, affirme Nicolas

____

(1) M. Laffetay, *Histoire du diocèse de Bayeux*.

Buhot, frère de Gilles Buhot, dans un manuscrit, et il ajoute que pendant que son frère administrait la Chapelle, il y attira tant de dévotion, que l'on y célébrait chaque année de vingt à vingt-cinq mille messes. Le nombre est-il exagéré ? On l'a prétendu.

« En tout cas, on le pourrait conclure d'un témoignage que nous trouvons dans un livre publié en 1675, une année après la mort de Gilles Buhot. L'auteur, Frère Le Chevalier, religieux cistercien de l'abbaye d'Aunay, est loin d'y déprécier le pèlerinage. Il nous montre le peuple venant avec une telle affluence, surtout aux jours de fête, que difficilement l'église peut contenir la foule. Faut-il s'en étonner ? « Non seulement, ceux de la province y abondent, mais à tout moment on y voit arriver, et par mer et par terre, une infinité de pèlerins, tant de Bretagne, de Picardie, du Maine que de l'Anjou ». Or, le bon religieux, dont le récit nous semblerait plutôt entaché d'enthousiasme, est loin de porter à un chiffre aussi élevé le nombre des messes célébrées à la Chapelle. « Plus de quarante prêtres, nous dit-il, y célèbrent la messe chaque jour ». Nous sommes ainsi ramenés, ou à peu près, au chiffre affirmé par Gilles Buhot lui-même ».

Gilles Buhot ne s'intéressa pas seulement à son séminaire de la Délivrande, et au développement du pèlerinage, il eut aussi à cœur de décorer et d'embellir la Chapelle. Ce fut pendant son administration que « le sieur Saint-Clair Turgot, auparavant doyen du Chapitre, fit don de trois mille livres » (1), ce qui permit de continuer les travaux déjà entrepris. Ils ne se terminèrent qu'en 1735, longtemps après la mort de Gilles Buhot, par l'achat d'un grand autel et d'une belle grille de fer pour séparer la nef du chœur. « Les autels du transept furent aussi remplacés, à cette époque, et les murs de l'édifice recouverts de riches lambris » (2).

La Délivrande faisait vraiment figure de grand pèlerinage. On s'y rendait de partout. Elle entrait, comme halte obligatoire, dans le programme du voyage au Mont Saint-Michel. Elle attirait les pieuses associations et congrégations du diocèse et des diocèses voisins, qui tenaient à honneur d'y venir prier au moins de temps en temps, sinon chaque année. Des personnages illustres y paraissaient. « En 1678, le dimanche 3 juillet, c'est la grande duchesse de Florence, accompagnée de sa sœur, Madame de Guise, duchesse d'Alençon. Après avoir fait sa visite à la Chapelle de Marie, elle se rendit au bord de la mer, « où M. de Matignon lui donna le plaisir de la pêche et de la promenade sur un vaisseau qu'il avait fait préparer en forme de galère » (3).

(1) *Notice* par un missionnaire, p. 21.
(2) *Notice* par un missionnaire, p. 92.
(3) *Notice* par un missionnaire, p. 92.

Ce fut le Bienheureux Père Eudes, fondateur de la Congrégation de Jésus et Marie et du monastère de la Charité à Caen, qui, au sortir de l'Oratoire, vint mettre sous la protection de la Sainte Vierge, le nouvel institut qu'il méditait d'établir.

« En 1714, ce fut Daniel Huet, ancien évêque d'Avranches, qui habitait alors l'abbaye de Fontenay, après s'être démis de son siège » (1), et qui composa une belle hymne latine en l'honneur de Notre-Dame de la Délivrande. Cette hymne plut beaucoup. Elle fut sans délai adoptée par tous les pèlerins qui se firent une pieuse habitude de la chanter au cours de leurs processions. Monseigneur Huet la retoucha un peu plus tard, et la fit graver sur une table de marbre noir, dont il fit présent à la Chapelle. Cette table se trouve encore aujourd'hui au dessus de la grande fenêtre de la Chapelle Saint-Joseph. Après les paroles latines du « *Diva servatrix* », on lit cette inscription :

HOC DEVOTI SUI ERGA SACRATISSIMAM VIRGINEM
CULTUS MONUMENTUM APPENDEBAT
PETRUS DANIEL HUETIUS, EPISCOPUS ABRINCENSIS
ADJUNGENTE SUA VOTA
VENERABILI CAPITULO INSIGNIS ECCLESIAE
BAJOCENSIS
ANN. M. D C C X IV

(Ce marbre fut offert par Pierre-Daniel Huet,

(1) *Notice* par un missionnaire, p. 93.

évêque d'Avranches, comme un monument de sa dévotion envers la Très Sainte Vierge ; le vénérable Chapitre de l'illustre Eglise de Bayeux, accompagnait l'offrande de ses vœux. (An 1714) (1).

En cette même année 1714, le 19 mars, on note le passage à la Délivrande du général des Capucins, le R. P. Michel-Ange de Raguse, qui procédait à la visite des couvents de son ordre.

Un peu plus tard, la mère de Louis XVI, Marie-Joséphine de Saxe, épouse du dauphin Louis, tint, elle aussi, à venir prier la Vierge miraculeuse de la Délivrande. Sa belle-fille Marie-Antoinette, la future reine martyre, ne put accomplir le pèlerinage de la Délivrande, mais, au moins, à la naissance du Dauphin, elle voulut témoigner à la Sainte Vierge son profond amour et sa filiale reconnaissance. « Elle fit offrir à la Chapelle une lampe d'argent du prix de huit mille cinq cents livres, ainsi qu'une robe brodée d'or pour la Statue. C'est peut-être en souvenir de cette offrande que les armes d'Autriche furent sculptées en relief sur le principal pendentif de la voûte du chœur dans l'ancienne Chapelle » (2).

Le passage d'un autre pèlerin plus humble devant les hommes, mais plus grand devant Dieu et devant la conscience chrétienne, mérite d'être signalé. « Une tradition conservée religieusement

(1) Traduction de la *Notice* par un missionnaire, p. 95.
(2) *Notice* par un missionnaire, p. 96.

dans une famille du 'diocèse, tradition que nous avons examinée avec soin, nous apprend que saint Benoît Labre doit être compté au nombre des pèlerins de la Délivrande. Pendant de longues heures, le serviteur de Dieu demeura prosterné la face contre terre sur le pavé du sanctuaire. A sa sortie de la Chapelle, il fut entouré par une foule nombreuse réclamant ses prières. Les habitants du bourg se disputaient l'honneur de le recevoir sous leur toit. Mais l'humble pèlerin choisit la maison la plus pauvre. Notre saint était alors vêtu, paraît-il, d'un habit de toile grise. En comparant les dates, on trouve que Benoît Labre put faire le pèlerinage de la Délivrande vers 1767, à l'occasion de son voyage à la Trappe de Mortagne » (1).

Comme on l'a pu voir, par ce rapide exposé, le pèlerinage de la Délivrande avait promptement retrouvé au cours des XVII et XVIIIe siècles, la faveur dont il avait joui avant la funeste guerre de Cent Ans. Partout on connaissait la bonne Notre-Dame, la Vierge qui délivre ; vers elle spontanément montait le cri de toutes les détresses d'âme, de toutes les craintes, de tous les espoirs, de tous les repentirs, de toutes les souffrances physiques et morales, et, Elle, en retour, Elle, la Miséricordieuse, la Mère, la Compatissante et la Secourable, elle usait, sans compter, en faveur de ce petit coin de Normandie, où il lui avait plu d'éta-

____

(1) *Notice* par un missionnaire, p. 96-97.

blir son trône, de la « Toute-Puissance suppliante » qu'elle doit à sa Maternité divine ; elle prodiguait les miracles de toutes sortes, guérisons physiques et guérisons morales, assistance dans le danger et secours dans la tentation, grâces qui rendent forts et lumières qui rendent clairvoyants, par-dessus tout elle étendait son manteau royal sur les consciences de ses chers et fidèles sujets et les préservait, — autant que le permettait l'infini respect de la liberté humaine qu'elle professe à l'exemple de Dieu même, — des pernicieuses doctrines, des scandaleuses compromissions qui devenaient ailleurs de pratique courante et allaient causer à notre pays une des crises politiques et religieuses les plus sanglantes et les plus redoutables que l'histoire ait enregistrées. Elle gardait fidèles à la foi catholique, fidèles à Dieu ceux qui lui demeuraient fidèles. On le vit bien pendant la Révolution.

CHAPITRE IV

La Chapelle pendant la Révolution

« Nous arrivons à une époque bien triste de notre histoire », écrit au début de ce chapitre l'auteur de la *Notice*. Epoque bien triste, en effet,
plus triste et de plus funeste conséquence qu'on
ne pouvait le croire au moment où le bon missionnaire écrivait. Soixante années d'études historiques approfondies nous ont appris ce que fut au
vrai la Révolution, quels crimes s'y commirent et
ce que valaient ceux qui les commirent. Elles nous
ont montré le lien logique qui, du fait révolutionnaire, a tiré comme conséquences fatales la persécution religieuse sans cesse renaissante, les révolutions politiques et sociales qui ont ébranlé
l'Europe pendant tout le dix-neuvième siècle et
la font trembler encore, les guerres atroces qui ont
ensanglanté le monde entier, et dont la dernière
a laissé après elle des ruines irréparables.

Aussi ne convient-il plus de parler des bienfaits
de la Révolution, de son idéal et de ses grands
hommes. On sait aujourd'hui qu'elle fut simplement une entreprise criminelle contre l'ordre so-
cial basé sur l'Evangile, une renaissance du vieil

esprit païen, un retour agressif des plus dangereuses hérésies, une œuvre satanique.

Ce caractère satanique se manifesta tout de suite par le tour anticlérical que prit la politique des révolutionnaires. Pour commencer, ils décrétèrent une espèce de laïcisation de l'Eglise ; ce fut la « Constitution civile du clergé ». Puis, comme le roi Louis XVI s'opposait à la persécution religieuse, ils le guillotinèrent sous un prétexte quelconque. Libres enfin d'agir à leur guise, ils se mirent au pillage de tous les édifices consacrés au culte, à la destruction de tous les monuments où se lisait la foi des ancêtres, à l'assassinat des prêtres et des catholiques fidèles.

En ce qui concerne notre diocèse, les choses ne semblèrent pas d'abord prendre une trop mauvaise tournure. Les idées philosophiques répandues par les encyclopédistes, les « lumières » comme on disait alors, avaient bien enténébré quelques cerveaux d'utopistes et obscurci dans les autres les plus clairs principes du bon sens et les vues profondes de la foi, mais dans son ensemble, le peuple demeurait attaché à sa tradition religieuse et à son clergé. On le vit bien quand, le 27 janvier 1790, Mgr de Cheylus fut élu maire de sa ville épiscopale par 233 voix sur 387 votants (1). Mais les événements se précipitaient et la faveur populaire avait tôt fait de changer d'idole. Le 6 no-

(1) *Hist. du diocèse de Bayeux* par M. Laffetay, II p. 215 et seq.

vembre 1790, Mgr de Cheylus donnait sa démission de maire de Bayeux et se retirait à Paris. Le 20 novembre, il dénonçait comme schismatique la *Constitution civile du clergé* promulguée par le décret du 12 juillet précédent. Le 11 décembre suivant, le Chapitre de la Cathédrale se soumettait à l'arrêt de mort que lui signifiaient, au nom de la loi, les officiers municipaux. Cet acte avait sur la situation religieuse et légale de la Chapelle de la Délivrande, une répercussion considérable, puisqu'en droit comme en fait, le Chapitre avait été jusque-là son supérieur et son patron. Celui-ci disparu, elle ne relevait plus désormais que du supérieur commun de toutes les églises du diocèse, l'évêque Mgr de Cheylus, n'eut pas le loisir de s'occuper d'elle en particulier. Le 11 mars 1791, il publiait son dernier mandement au clergé et aux fidèles du diocèse de Bayeux. La veille, il avait en vain protesté contre l'élection d'un évêque constitutionnel du Calvados. M. de la Prise, curé de Saint-Pierre de Caen, avait été choisi et avait accepté. Mais bientôt après, il démissionnait. Mgr de Cheylus rentrait à Bayeux. Malgré sa présence dans le diocèse, un nouvel évêque constitutionnel était élu, le trop célèbre Fauchet. Mgr de Cheylus lui « défendait sous peine d'excommunication, d'exercer dans son diocèse aucune fonction épiscopale » et « le citait au Tribunal du Souverain Pontife » (1).

(1) *Histoire du dioc. de Bayeux* par M. Laffetay, p. 240.

Cet acte courageux exposait son auteur à la mort. Mgr de Cheylus ne la craignait pas : cependant, il ne voulait pas la braver inutilement. Imitant les grands évêques persécutés des premiers siècles chrétiens, il s'exila le 13 septembre 1792.

Fauchet n'avait pas attendu le départ de l'évêque légitime pour commencer son ministère sacrilège. Le 15 mai 1791, il entrait solennellement dans la Cathédrale de Bayeux. Aussitôt après, il conmençait ses visites pastorales et venait à la Délivrande.

Quatre chapelains desservaient à cette époque la Chapelle : MM. Duvey, Paris, Onfroy et Duclos. Quel accueil firent-ils à l'évêque intrus ? Je ne sais. En tout cas, il est certain que Fauchet prêcha « par la fenêtre d'un cabaret et même sur des tréteaux à côté d'un jongleur » (1). Son discours fut d'ailleurs plein de respect pour la Mère de Dieu.

Qui sait ? Ce fut peut-être à cet acte de piété — si répréhensible qu'il fût dans la forme — que Fauchet dut d'attirer sur lui le regard compatissant de la Sainte Vierge, d'être délivré de ses erreurs et de son crime, de se repentir et d'être réconcilié avec l'Eglise avant de porter sa tête à l'échafaud.

A l'exemple de leur chef, les curés constitutionnels du Calvados vinrent à la Délivrande et y con-

____

(1) *Hist. du dioc. de Bayeux* par M. Laffetay II, p. 260.

duisirent solennellement leurs paroissiens. Ils y rencontrèrent parfois des curés orthodoxes qui, de leur côté, continuaient, quelque danger qu'il y eût et quelque entrave qu'on apportât à leur action, de venir en pèlerinage avec une foule considérable de fidèles. De là des conflits assez vifs.

« Nous lisons dans un registre de la mairie de Douvres, qu'une femme de cette commune fut condamnée, dans la maison curiale, à l'amende portée par le décret du 9 juillet 1791, pour avoir insulté la procession de Than et son curé démocrate, par paroles atroces (*sic*), au moment où ils traversaient le pays. (11 septembre 1791) » (1).

Un incident un peu plus sérieux avait marqué le pèlerinage traditionnel des Capucins de Caen. Le *Courrier Français*, journal révolutionnaire de Paris, le racontait en ces termes, le 13 juin 1791 :

« Les Capucins de cette ville (Caen) de temps immémorial, sont dans l'usage de faire processionnellement un pèlerinage à Notre-Dame de la Délivrande. Une grande affluence de personnes suivent ces religieux. Mardi dernier, 8 de ce mois, ils sont partis comme à l'ordinaire à deux heures après minuit. Une troupe de malfaiteurs s'est portée sur leur route et les a grièvement insultés. La municipalité de Caen, sur le district de laquelle ce scandale s'est commis, n'a pas dissimulé le crime ni retardé l'information. Neuf des coupables ont été

____

(1) *Notice* par un missionnaire, p. 81.

provisoirement transférés au dépôt de Beaulieu, et elle a ordonné « que la procédure commencée sera renvoyée à MM. les officiers du bailliage et siège présidial de Caen, aux fins d'être continuée contre lesdits particuliers et tous autres qu'il appartiendra ». Le pays attend avec impatience ce jugement, auquel il a vivement applaudi ».

« Nous ignorons, ajoute M. Laurent, à qui j'emprunte cette citation (1), quel fut le résultat de ces poursuites ».

En tout cas, pour éviter tout conflit entre les catholiques et les révolutionnaires, « le Conseil municipal de Douvres invita, par délibérations prises les 25 mars et 2 avril 1792, les chapelains à refuser les ornements aux prêtres réfractaires des cantons limitrophes. (2).

Il est probable que cette invitation demeura lettre morte, et que les prêtres réfractaires reçurent comme par le passé bon accueil des chapelains. Aussi devinrent-ils suspects eux-mêmes et quelques mois plus tard, en septembre 1792, en même temps que leur évêque, Mgr de Cheylus, ils étaient obligés de s'expatrier.

Le clergé constitutionnel n'en continua pas moins de fréquenter la Délivrande. Nous en trouvons la preuve dans ce fait, rapporté par M. l'abbé Lecointe, que « le 22 juin 1793, la commune de

____

(1) *Notice,* p. 77-78, par M. Laurent.
(2) *Notice* par un missionnaire, p. 81.

Cormelle, près Caen, vota une somme de 120 francs pour les frais de pèlerinage à Notre-Dame de la Délivrande, conformément à l'usage » (1).

D'ailleurs « qu'ils vinssent en particulier ou en procession, les pèlerins devaient être nombreux à cette époque, dit le missionnaire, auteur de la *Notice* (2) ; car, dans la première moitié de l'année 1793, le Conseil de Douvres réclame à deux reprises auprès du district de Caen, au sujet du contingent de blé exigé de la commune (six sacs par semaine). Un des motifs de la réclamation, c'est le grand nombre d'étrangers qui arrivent journellement à la Délivrande : ces étrangers ne pouvaient être que des pèlerins.

« On trouve une réclamation semblable et basée sur le même motif, à la date du 4 octobre 1793. Pourtant, depuis deux mois déjà la Chapelle était fermée.

C'est qu'en effet à cette date, la Révolution victorieuse avait jeté bas le masque et quitté tout ménagement. Après avoir chassé les prêtres fidèles au profit des intrus, elle expulsait à leur tour ces intrus et fermait les temples désaffectés ou les livrait aux pires profanations.

Pourtant au milieu de l'universelle folie qui déchaînait au travers de notre pays le meurtre, le pillage, la luxure, ici et là, surgissaient quelques

____

(1) Lecointe : *Mélanges*, p. 88.
(2) *Notice*, p. 82-83.

oasis où fleurissaient héroïquement les antiques vertus chrétiennes, où se conservait intact le dépôt précieux de la foi, et qui témoignaient par leur puissante vitalité que la France chrétienne n'était pas morte.

La Délivrande fut le centre d'une de ces oasis. M. le chanoine Laffetay a raconté en termes émus dans son *Histoire du Diocèse de Bayeux au XVIII*^e *et au XIX*^e *siècle*, comment les prêtres persécutés, traqués, mourant de faim et de misère, avaient trouvé réconfort, asile et aide efficace à l'ombre du sanctuaire vénéré de Notre-Dame, à la Délivrande même, à Langrune et surtout à Bernières. Plus de deux mille prêtres durent à la charité héroïque des marins de Bernières, leur salut (1).

A la Délivrande, où les républicains sentaient une source toujours jaillissante de foi généreuse et de vive piété, une expédition militaire fut envoyée par les soins du général Dugua, alors préfet du Calvados. Ces vandales recommencèrent l'œuvre sinistre des protestants. Ils se ruèrent sur la Chapelle, firent main basse sur tout ce qui avait quelque valeur, emportèrent treize lampes d'argent, les calices, les ciboires, les tableaux et les offrandes des fidèles et détruisirent ce qu'ils ne purent emporter. Les papiers, les titres, les chartes, furent brûlés, le mobilier vendu à l'encan.

« Les statues de saint Joseph, de sainte Anne,

______

(1) *Hist. du dioc. de Bayeux*, p. 290-294.

le groupe du maître-autel, furent seulement descendus de leur place. On arracha la grille et la table de communion. Un ange, sculpté au-dessus de l'Image vénérée, eut la tête abattue d'un coup de hache. Quant à l'Image vénérée elle-même, on l'enleva de sa niche (1).

Il y avait à craindre que ces forcenés ne le·lui fissent subir le même outrage qu'à l'ange placé au-dessus d'elle, mais la pieuse industrie d'un habitant du bourg empêcha ce sacrilège. Voyant ce qui se passait et craignant, à justes titres, qu'on enlevât à la Délivrande son meilleur titre de gloire et sa plus sûre sauvegarde en brisant l'Image de la Vierge miraculeuse, il feignit un beau zèle révolutionnaire et profita du crédit que lui mérita sa conduite pour s'emparer de la sainte Image et la cacher dans un confessionnal « dont il alla jeter la clef dans le puits de la maison des chapelains, qui se trouvait au chevet de la Chapelle ».

« Une statue de la Sainte Vierge, placée sur le portail latéral, et qui avait été donnée le 20 février 1580, par le sous-chantre du Chapitre de Bayeux (2), fut renversée, et se brisa, en tombant.

« Dans une niche, pratiquée au-dessus de la porte extérieure de la sacristie et au bas du petit clocher qui existait alors, se voyait une autre statue de la Mère de Dieu, devant laquelle les pèlerins aimaient

(1) *Notice* par un missionnaire, p. 23.
(2) Archives de l'Evêché, note de la *Notice*.

à prier, parce qu'elle passait — *à tort évidemment* — pour être celle qui avait été trouvée par
le mouton. Cette statue fut emportée, dit-on, par
le propriétaire (1) d'un hôtel situé sur la place
et que l'on connaît encore sous le nom de l'hôtel
Notre-Dame. Pendant la Révolution, ce pieux chrétien avait transformé en chapelle une vaste pièce
de sa maison, nommée chambre des Capucins. C'est
là que des prêtres, auxquels il donnait une généreuse hospitalité, célébraient la sainte Messe. La
statue, soustraite aux profanations, fut placée sur
l'autel du modeste oratoire. Après la tempête
révolutionnaire, cette statue fut replacée dans sa
niche. Elle y resta jusqu'au moment où de nouvelles constructions obligèrent à l'enlever. Les
missionnaires l'avaient conservée religieusement
dans leur maison de la Délivrande.

« Pour la Chapelle, des habitants du bourg et
des paroisses voisines, la soumissionnèrent, dans
l'intention, disaient-ils, d'*y* loger du foin ; mais
leur but véritable était de la préserver et de la
conserver. C'étaient : Lemarchand de Coligny, de
Luc ; J. F. Chapelain, de Langrune ; Pierre Marie,
marchand patenté à Luc ; Jacques Guillemette, P.
F. Marie, et S. Parrain, de Douvres ; F. Zacharie
Daubert, de Bény. Les soumissions furent faites les
8 prairial et 2 thermidor de l'an IV (28 mai et 20
juillet 1796) » (2).

(1) Il s'appelait Pierre Pastey. Note de la *Notice.*
(2) *Notice* par un missionnaire, p. 23-25.

Le pillage de la Chapelle n'avait pas, comme l'espéraient ses auteurs, anéanti le culte de la Sainte Vierge. On venait, comme par le passé, et plus encore peut-être à cause du malheur des temps, demander aide et secours à la Reine toute-puissante du Ciel et de la terre, à la Mère de Miséricorde, à celle qui délivre de toutes les tyrannies. La Chapelle était fermée ? Qu'importe. On savait qu'Elle était là, qu'Elle entendait les prières, qu'Elle voyait les âmes, qu'Elle bénissait leur foi. On s'agenouillait dans la rue, devant la porte de son asile béni, devant la niche vide du clocher, où s'abritait autrefois une statue de la Vierge. Quelquefois, par une délicate et opportune distraction de quelqu'un des fermiers soumissionnaires, la porte se trouvait ouverte. Avec quel bonheur, on se glissait alors dans la Chapelle tant aimée, et comme l'on priait avec ferveur !

Ce scandale de gens paisibles osant manifester leur foi en pays éclairé, ne pouvait durer. Les hauts et intelligents personnages qui présidaient aux destinées du département, décidèrent de le faire cesser. Si l'on venait encore à la Délivrande, c'est qu'il y demeurait encore quelque vestige ancien, quelque monument oublié de la piété populaire. Il fallait s'en saisir au plus tôt. Donc le 18 thermidor, an IV, — 5 août 1796, — une troupe de cavaliers commandés par le citoyen Cathol, fit son entrée bruyante dans le bourg de la Délivrande dès le petit matin. Ils étaient porteurs d'un arrêté du département et d'un ordre conforme du général-préfet Dugua, en vertu desquels ils devaient s'emparer de la Statue, des images, des tableaux et autres objets demeurés dans la Chapelle et les apporter à Caen, au muséum (1).

Les habitants de la Délivrande, consternés, n'osèrent s'opposer par la force à ce nouveau brigandage, mais ils réclamèrent si haut que l'opinion publique s'émut et que les journaux républicains de la région, si bons républicains qu'ils fussent, durent faire écho à leurs doléances.

D'abord, ils avaient gardé un silence prudent. Mais la *Gazette française* ayant inséré une lettre où les choses étaient racontées tout au long et sévèrement jugées, *l'Echo politique du Calvados*, journal dévoué au gouvernement, comprit qu'il ne pouvait plus décemment se taire. Le 29 thermidor, an IV — 26 août 1796 — il inséra la note suivante :

« Quoique peu édifiés de cette démarche, nous avions résolu de n'en point parler. Mais puisque toute la France est maintenant imbue de cette grande et périlleuse expédition, nous hasarderons quelques réflexions :

« La liberté du culte, consacrée d'une manière si positive par le code constitutionnel, serait-elle donc une illusion ? Instruits par le malheur et

(1) Archives de la mairie de Douvres et de la préfecture du Calvados. Note de la *Notice* par un missionnaire p. 25.

l'expérience, jusques à quand commanderons-nous aux consciences ?..... Pourquoi, dans le temps même de la Terreur, a-t-on respecté cet objet de la vénération d'un peuple immense, et que, sous le régime constitutionnel de 1795, où on nous parle sans cesse de tolérance, on vient de le lui ravir d'une manière si scandaleuse ? Veut-on faire de nouveaux ennemis au gouvernement par de nouveaux actes arbitraires ?... Eh ! qu'importe au gouvernement qu'on honore la Vierge ou non à la Délivrande ? Le temps, l'expérience et nos malheurs passés ne lui ont-ils pas prouvé que le moyen de se faire des partisans est de laisser à chacun la faculté d'adorer Dieu à sa manière ? Dirons-nous, comme on l'a fort bien observé dans cette lettre, (à la *Gazette Française*), que cet enlèvement cause au bourg de la Délivrande un préjudice considérable ? Dirons-nous que par là plus de cent cinquante familles vont se trouver sans aucun moyen d'existence ? Ajouterons-nous cette conséquence nécessaire qu'un homme qui se voit plongé dans la misère, ne peut aimer l'ordre de choses qui l'y précipite ? Tels sont pourtant les effets que peut produire cette expédition inconsidérée » (1).

« Expédition inconsidérée », certes : le rédacteur de *l'Echo politique* avait bien dit, mais il n'avait pas tout dit. Plus encore qu'inconsidérée et vexatoire et sacrilège, cette expédition fut inutile.

____

(1) Cité dans la *Notice* par un missionnaire, p. 26-27.

Elle ne brisa, ni même ne ralentit le mouvement profond de piété qui portait les foules vers la Délivrande.

Quand on avait saccagé la Chapelle, elles étaient venues, quand· on l'avait fermée, elles étaient venues, maintenant on emportait la Statue vénérée, elles vinrent quand même. On aurait démoli la Chapelle, qu'elles seraient venues encore pleurer et prier sur ses ruines, comme, à la voix du prophète Jérémie, venaient les Juifs fidèles sur l'emplacement du Temple renversé par les Chaldéens.

On ne tue pas la foi par la force brutale. Il fallait toute l'ignorance et toute la sottise d'un libre-penseur comme le général-préfet Dugua, pour s'imaginer que les Catholiques du Calvados perdraient immédiatement toute créance en la Vierge de la Délivrande, parce qu'il leur volait une statue vénérée, sans doute, mais qui n'était cependant qu'un symbole.

Il fut d'ailleurs vite détrompé. « Les archives de la préfecture nous ont conservé deux lettres adressées au chef de brigade Laugier, l'une par le capitaine Peauroi, résidant à Langrune ; l'autre, par Marteau, lieutenant des grenadiers gardes-côtes, à Bernières-sur-Mer. Elles nous apprennent que le lundi de la Pentecôte, 5 juin 1797, plusieurs communes allèrent en procession à la Délivrande. Les prêtres réfractaires — il en restait encore, Dieu merci, malgré les assassinats, les emprisonnements et les déportations — qui les conduisaient, avaient dit leurs messes dans diverses chambres, à défaut du temple fermé par l'administration. Marteau affirme que de sa fenêtre, il a vu les habitants de Bernières, rassemblés avec la bannière, la croix et les sonnettes, pour ensuite s'en aller processionnellement à la Délivrande ».

« Un autre document nous apprend qu'on entrait par les fenêtres dans l'intérieur de la Chapelle, d'où l'on ouvrait les portes ; au besoin, on brisait les serrures. Il paraît que le maire de Douvres — il se nommait Deslandes — ne mettait pas beaucoup de zèle à punir les coupables ; on l'accusait même de connivence. Toujours est-il que, s'étant décidé à placer de nouvelles serrures, au mois d'août 1801, il les trouvait forcées quelques jours après » (1).

Le bruit de ces faits parvint aux oreilles de Dugua, qui, à l'instar de son coreligionnaire, le père Duchêne, entra dans une grande colère. Le 30 août, il écrivit une lettre sévère au maire de Douvres, lui reprochant amèrement sa faiblesse et l'invitant à faire respecter la loi libérale qui interdisait aux catholiques de prier dans la Chapelle de la Vierge.

Le maire s'excusa comme il put. Il reconnut qu'à la vérité on entrait dans la Chapelle, mais ajouta qu'on n'y faisait aucune cérémonie et qu'on ne

_____

(1) *Notice* par un missionnaire, p. 83-84.

chantait pas. D'ailleurs, ajoutait-il, la porte est soigneusement refermée maintenant, et ce, au grand chagrin des habitants du bourg, « *car c'est le pain qu'on leur enlève* » (1).

Dieu merci, l'épreuve ne devait plus durer longtemps. Au moment même où le général Dugua insistait avec tant d'âpreté pour que fussent observées les lois anticléricales de la Révolution et du Directoire, le premier consul Bonaparte s'apprêtait à les abroger par le Concordat. Déjà, « le 15 juillet 1801, les plénipotentiaires avaient échangé leurs signatures. Le 6 août, Bonaparte annonçait, en personne, au Conseil d'Etat, qui l'écouta froidement, le résultat des négociations. Le 13 août, malgré la résistance de plusieurs cardinaux, Pie VII exposait par un bref, ses motifs de ratifier le Concordat... Le 10 septembre, les ratifications furent échangées à Paris..... Par suite de retards, le Concordat ne put être présenté au Corps législatif et voté par lui que le 5 avril 1802, il fut promulgué en français comme loi d'Etat, le 8 avril » (2).

Immédiatement la Chapelle rouvrit ses portes. Bien qu'elle ne fût pas encore rendue officiellement au culte catholique, — cela ne devait avoir lieu que trois ans plus tard par un décret impérial du 30 janvier 1805, — elle fut bénite le 29 juin

(1) Souligné ainsi dans la *Notice* par un missionnaire p. 85.

(2) Lavisse et Rambaud *Hist. Générale*, t. IX, p. 259-260.

1802. La statue vénérée manquait toujours, on la remplaça par une autre statue provenant de l'église de Luc. M. l'abbé Viger, vicaire de Luc, fut nommé desservant provisoire, et bientôt remplacé par un des anciens chapelains revenu d'exil, M. Etienne Duvey.

Dans le même temps, juillet 1802, « Mgr Brault, le premier évêque de Bayeux depuis la Révolution, fit sa visite à la Délivrande et fut reçu par les jeunes gens sous les armes » (1).

Ce fut probablement à cette occasion que, voyant de ses yeux tout le travail qui incombait au chapelain, il décida que désormais un second chapelain lui serait adjoint et, qu'en outre, ils pourraient faire appel, dans certains cas, à un ou deux prêtres auxiliaires. Ce dispositif demeura en vigueur jusqu'à l'arrivée des Missionnaires, en 1823.

Cependant, les habitants de la Délivrande et la foule des pèlerins, déploraient toujours l'absence de la Statue miraculeuse. Elle devait être rendue à leur piété dans des circonstances touchantes.

« Voici, dit le missionnaire, auteur de la *Notice* (2), ce que l'on a appris d'un personnage digne de foi :

« Deux religieuses vinrent un jour prier M. Caffarelli, préfet du Calvados — qui avait remplacé le sinistre Dugua — de leur permettre de rentrer dans leur couvent. Ce haut fonctionnaire, retenu

(1) *Notice* par un missionnaire, p. 97.
(2) *Notice* par un missionnaire, p. 28-32.

en ce moment par des affaires pressantes, ouvrit à ces religieuses un vaste appartement, où se trouvaient, pêle-mêle, les statues enlevées aux églises pendant la Révolution.

« Attendez ici, leur dit-il en souriant ; je vous laisse en bonne compagnie ».

« A son retour, il voit ces pieuses filles prosternées devant une statue de la Sainte Vierge et priant avec ferveur.

« Pourquoi, leur dit-il, paraissez-vous avoir plus de confiance en celle-ci que dans les autres ?

— « Parce que, répondirent-elles, c'est la bonne Notre-Dame de la Délivrande ».

« Elles racontèrent ce qui leur était arrivé : le bruit en vint jusqu'à la Délivrande ». Immédiatement « plusieurs habitants du bourg allèrent à la préfecture réclamer la Statue vénérée. Le préfet la leur accorda sans difficulté. Ils éprouvèrent une joie véritable en la retouvant bien conservée. Le visage seul avait subi quelques dégradations. La Statue miraculeuse, devant laquelle s'étaient répandues et se répandent encore tant de ferventes prières, fut rapportée en triomphe et installée dans la niche qu'elle occupait auparavant.

« A Caen, on était accouru de tous côtés pour voir et saluer Notre-Dame de la Délivrande. Dans les rues de la ville et sur la route qui conduit au Sanctuaire, une foule enthousiaste s'était pressée autour de la Statue vénérée. Ce fut un véritable événement dont tous ceux qui eurent le bonheur d'être témoins, gardèrent un précieux souvenir..... Citons un exemple. Voici le fait tel qu'il a été raconté par un témoin oculaire :

« Une pieuse demoiselle, qui habitait Versailles et s'occupait de bonnes œuvres, apprend un jour par une sœur de Saint-Vincent-de-Paul, qu'un vieillard sans religion est dangereusement malade. Il ne s'était pas confessé depuis cinquante ans. Elle prend une médaille qui avait touché la Statue miraculeuse de la Délivrande et s'en va, en priant Marie de bénir ses pas. Sous prétexte de demander une adresse, un numéro, elle entre chez cet homme, et aperçoit un pauvre moribond sur son grabat. Elle s'approche du malade, s'informe avec bonté de sa santé, lui demande où il souffre, lui témoigne le plus vif intérêt. Dans une seconde visite, elle lui parle de Dieu, de la bonne Vierge.

« Si je vous donnais une médaille, vous l'accepteriez, n'est-ce pas ?

— Une médaille ! Il est venu hier une dévote qui m'en a laissé une ; je l'ai donnée à la petite de mon garçon.

— Mais celle que je vais vous donner, a une vertu particulière. Elle a touché une Image miraculeuse de la Sainte Vierge, qui est vénérée à la Délivrande, sur le bord de la mer, près Caen.

— Ah ! pour celle-là, je veux bien. Je connais la Vierge de la Délivrande ».

« Et voilà notre malade qui se dresse sur son lit, paraît reprendre des forces.

« — Ah ! Madame, que je vous dise ! J'étais encore jeune et à cette époque ouvrier peintre à Caen. J'entends dire qu'on allait reporter à la Délivrande la Statue de la Vierge qu'on avait apportée au district pendant la Révolution. J'allai voir. Je voudrais que vous eussiez été là. Jamais on n'avait vu une pareille procession. On accourait de tous côtés. C'était un monde... un monde..... infini. Je fis comme les autres, je suivis le cortège jusqu'à la Délivrande, et je vis remettre la statue dans sa niche. Comme c'était touchant ! Dans la Chapelle, les uns priaient, quelques-uns s'écriaient : « Oh ! bonne Mère, vous voilà enfin revenue au milieu de nous ; ne nous quittez plus ! » Je lui dis, moi : « Bonne Vierge, ne m'abandonnez pas ». Je ne l'ai guère priée depuis ce temps-là.

— Eh bien ! mon ami, voulez-vous dire avec moi un *Ave Maria* à Notre-Dame de la Délivrande ?

— Dites tout ce que vous voudrez ».

« Aussitôt la bonne demoiselle se jette à genoux et récite tout haut : « Je vous salue, Marie... » Quand elle eut fini, le malade lui dit :

« — J'ai reconnu quelques mots de cette prière ».

« Enhardie par cet accueil, elle essaie de lui parler de confession.

« — Madame ! ne me parlez pas de ça, sinon..... »

« Elle n'insiste pas, mais retourne le lendemain, lui demande doucement comment il va, s'il a dormi pendant la nuit.

« — Ah ! Madame, j'ai passé toute la nuit dans

la Chapelle de la Délivrande. Vous m'avez parlé hier d'un prêtre ; eh bien ! dites-lui de venir, je veux bien me confesser ».

« Il était converti : et la veille encore il avait fort mal reçu la sœur de Saint-Vincent-de-Paul, qui l'exhortait à rentrer en lui-même. Il se confessait un samedi, jour consacré à Marie, et mourut dans d'admirables sentiments, pendant la nuit de la Nativité de la Sainte Vierge ».

Ceci se passait en 1850, c'est-à-dire quarante-huit années après le retour de la Statue Miraculeuse à la Délivrande. Par là on peut se faire une idée de l'impression que ce retour produisit sur les âmes et des grâces de choix que royalement la Vierge libératrice répandit sur ses dévots sujets.

Aussi les pèlerins et les processions accoururent-ils de toutes parts. Les chapelains furent bientôt débordés, ne sachant plus auquel entendre et n'ayant plus une minute de répit. C'est pourquoi, en 1805, Mgr Brault intervint. Il interdit à MM. les Curés de conduire leurs paroisses à la Délivrande, avant d'avoir averti MM. les Chapelains au moins quinze jours à l'avance. De plus, il stipula qu'il ne serait reçu que quatre processions chaque jour.

Notre-Dame de la Délivrande était bien vengée par ces démonstrations enthousiastes de la piété universelle, des injures que lui avaient fait subir et de l'abandon dans lequel avaient tenté de l'ensevelir les ennemis de la Religion et de la Patrie.

CHAPITRE V

Fondation des Missionnaires
de Notre-Dame de la Délivrande

L'élan pieux qui poussait les fidèles vers la
Chapelle de la Délivrande ne se ralentit pas avec
les années. Il alla chaque jour croissant : d'autant
que la Sainte Vierge récompensait par de nombreux et éclatants miracles, la ferveur de ses dévots
pèlerins. Malheureusement, on ne prit pas la peine
au début de recueillir les preuves authentiques
de ces faits. Cela se comprend d'ailleurs, les deux
chapelains, même secondés d'un ou deux prêtres
auxiliaires, avaient vraiment trop à faire avec les
nombreux pèlerins isolés et les pèlerinages impo-
sants qui se succédaient sans relâche.

Mais si les parchemins sont muets, les murs de
la Chapelle parlent. Il suffit de jeter un coup
d'œil sur les ex-voto déposés aux pieds de Notre-
Dame depuis la Révolution, pour se faire une idée
de toutes les prières qu'Elle exauça. Ici, l'on
aperçoit de nombreuses images de vaisseaux battus
par la tempête : c'est le remerciement de pauvres
marins échappés au naufrage après un vœu fait
à Notre-Dame de la Délivrande. Plus loin, ce sont

des cœurs dorés ou argentés, symboles naïfs, mais bien touchants, de la reconnaissance. Puis, voici des plaques de marbre de dimensions et de formes diverses, où de pauvres âmes consolées, des malades guéris, des pécheurs convertis, des suppliants exaucés expriment, en style un peu vague, parce qu'il faut être bref, mais assez net cependant pour ne laisser aucun doute, leur joyeuse et fervente gratitude. Enfin, voici des béquilles, laissées là par des malades ou des infirmes délivrés subitement de leurs infirmités à la suite d'un pèlerinage.

Est-ce qu'aux yeux de la foi— et même du simple bon sens, — cela ne parle pas aussi éloquemment que des parchemins ?

Cependant, il nous reste de cette époque quelques témoignages authentiques.

« En 1818, dit M. l'abbé Laurent (1), deux informations furent ordonnées par Mgr Brault, évêque de Bayeux, à l'occasion de faveurs extraordinaires obtenues les 4 et 5 juillet, dans le sanctuaire de la Délivrande. Nous suivrons, pour les détails, les rapports officiels qui furent adressés à Sa Grandeur :

« 4 juillet 1818, (*Extrait du rapport de M. Chéruet, curé d'Hérouville-Saint-Clair*), « Adélaïde Pelfresne, de la paroisse d'Hérouville, était atteinte d'une maladie violente qui la retenait au

______

(1) *Notice*, p. 123-129.

lit depuis huit ans, et avait résisté à tous les secours de la médecine. En 1810, une révolution subite s'était opérée dans ses humeurs, elles avaient envahi la tête, suspendu le mouvement des nerfs, tuméfié les articulations ; ses jambes surtout étaient douloureuses et frappées d'immobilité. La malade, d'ailleurs, était en proie à une fièvre continue, qui minait peu à peu ses forces. Ne pouvant plus rien attendre des remèdes humains, Adélaïde mit toute sa confiance en la Sainte Vierge et résolut d'entreprendre le pèlerinage de la Délivrande. Ce projet fut mis à exécution le samedi 4 juillet 1818. Dix-huit filles de ses amies et d'autres personnes pieuses, accompagnaient la malade ; toutes s'étaient préparées au saint voyage par des prières et des œuvres de piété. Arrivée à la porte de la Chapelle, Adélaïde est descendue de sa monture et se traîne à grand'peine sur ses béquilles jusqu'aux pieds de la statue, où elle s'assied sur une chaise pour entendre la sainte Messe. Au moment de l'élévation, elle essaie de se soulever par respect, en s'appuyant sur ses béquilles. La malade était encore dans cette attitude au moment de la communion du prêtre, lorsque, tout-à-coup, elle éprouve un frisson rapide, auquel succède un mouvement de chaleur, qui se porte aux extrémités. Alors, Adélaïde abandonne ses béquilles, et tombe, comme malgré elle, sur les genoux. Ses compagnes accourent aussitôt pour la relever, la croyant évanouie.

« — Laissez-moi, leur dit-elle, je suis guérie ».

« En même temps, elle se relève toute seule et marche d'un pas ferme vers la Table Sainte, d'où elle revient sans aucun appui. A ce spectacle, tout le monde est saisi d'étonnement et d'admiration : des larmes coulent de tous les yeux ; la foule ne peut comprimer l'expression de sa reconnaissance. Adélaïde, après son action de grâces, attache elle-même ses béquilles aux pieds de la statue, sort de la Chapelle, traverse la place pour aller à l'auberge et franchit même sans fatigue les degrés du premier étage, pour se rendre dans l'appartement où ses compagnes s'étaient réunies..... Depuis ce temps, Adélaïde Pelfresne va toujours de mieux en mieux ; elle peut se promener tous les jours sans avoir besoin d'appui ; le pouls a repris de la force, les muscles se sont raffermis, et les articulations auront bientôt recouvré leur première souplesse.

« Tels sont, Monseigneur, les détails sévèrement exacts du fait extraordinaire sur lequel vous m'avez chargé de vous adresser un rapport. Il me semble que tout peut se résumer dans les circonstances suivantes : En quel état déplorable se trouvait Adélaïde Pelfresne le 4 juillet, jour de son pèlerinage ? — Tous les habitants d'Hérouville l'avaient vu par eux-mêmes et pourraient l'attester. — Quel changement merveilleux s'est opéré subitement en faveur de la malade dans la Chapelle de la Sainte Vierge ? — J'en ai été moi-même témoin, ainsi que soixante personnes de ma paroisse qui m'avaient suivi à la Délivrande. — Enfin, quels sont les effets de cette grâce insigne obtenue par la confiance d'Adélaïde ? — Nous les admirons depuis quinze jours, et tout porte à croire qu'ils seront aussi durables qu'ils paraissent extraordinaires ».

— « 5 juillet 1818, (*Extrait du rapport de M. Beausire, curé de Notre-Dame de Caen, fait le 30 septembre* 1818), Marie-Anne Lorieux, âgée de 48 ans, quitta Condé-sur-Noireau au commencement de la Révolution, et vint demeurer à Caen, pour se mettre à l'abri des mauvais traitements qu'elle avait à souffrir de la part des partisans du schisme. Depuis ce temps, la pieuse fille s'employait tout entière à l'éducation des pauvres orphelins, qu'elle recueillait chez elle, les formant surtout à la prière et au travail. Quelques mois après son arrivée à Caen, elle avait été atteinte d'une névralgie aiguë, qui lui ôtait l'usage de ses jambes, et le sommeil. Elle ne pouvait plus marcher sans le secours d'un bras ou d'une béquille, quelquefois même sans ce double appui. L'hiver dernier, elle avait éprouvé des accidents plus graves, qui l'avaient empêchée, durant trois mois, de se livrer à ses occupations habituelles. La malade, pleine de foi et de résignation, se soumettait doucement à la volonté de Dieu ; elle n'osait même plus lui demander sa guérison, mais seulement assez de force pour pouvoir gagner sa vie. Le dimanche 5 juillet 1818, Marie-Anne Lorieux se fit porter à la Délivrande, y entendit la Messe et reçut la communion. Pendant le saint Sacrifice, elle éprouva un malaise général ; puis, après avoir fait son action de grâces, elle prit le bras de sa compagne pour sortir de la Chapelle. Comme elle franchissait le seuil, elle sentit tout-à-coup que ses mouvements étaient libres, et dit à tous ceux qui l'entouraient qu'elle était guérie et qu'elle marcherait bien seule ; ce qu'elle fit, en effet, en se rendant à l'auberge. Après le déjeuner, elle rentra à la Chapelle pour remercier la Sainte Vierge de la grâce qu'elle en avait reçue. Transportée ce jour-là même à Bernières, elle put assister à tout l'office paroissial, et se promener après les vêpres, sans aucun appui. Le lendemain, elle revint à Caen, et se rendit à pied depuis l'entrée de la ville à sa maison, marchant avec autant de facilité que la veille..... Depuis ce moment, la fille Lorieux n'éprouve aucune gêne dans ses mouvements ; elle marche très facilement et a recouvré le sommeil, dont la maladie l'avait entièrement privée ».

Il est à peine besoin d'ajouter que ces faits, dont un grand nombre de personnes avaient été témoins, donnèrent un nouveau lustre à la dévotion envers Notre-Dame de la Délivrande.

Cette dévotion allait recevoir un nouvel essor par l'établissement des Missionnaires diocésains auprès du sanctuaire vénéré.

Le 25 août 1820, quelques jeunes prêtres du diocèse de Bayeux se réunissaient à Sommervieu, sous la présidence d'un missionnaire de France,

M. Montanier, délégué par son supérieur général, M. Rauzan, pour fonder une société de missionnaires diocésains. Trois mois après, le 29 octobre 1820, ils donnaient leur première mission à Pont-l'Evêque, puis ils allaient à Honfleur et à Cahagnes. Le succès fut grand. Mgr Brault, enthousiasmé, voulut assurer au diocèse de Bayeux, qu'il allait bientôt quitter (1), le bienfait d'une institution qui donnait déjà de si beaux résultats. « Nous croirions, écrivait-il, le 2 décembre 1822, au clergé du diocèse, nous croirions manquer à ce que Nous devons à N.-S. J.-C. qui nous a établi pasteur de son Eglise, et au diocèse dont Il nous a confié le gouvernement, si Nous ne faisions pas tous nos efforts pour perpétuer un établissement si utile... Désirant le mettre sous la protection de la Très Sainte Vierge, nous l'avons placé auprès du sanctuaire vénérable où la Reine des Anges et des hommes a tant de fois signalé sa puissante intercession auprès de Jésus-Christ son Fils, et où le concours des fidèles peut rendre plus utile le ministère des missionnaires » (2).

Ministère utile, en effet, car « à diverses reprises, quelques-uns des chapelains de la Délivrande, notamment M. Duvey et M. Villeroy, avaient

____

(1) Il était nommé archevêque d'Albi depuis 1817 et attendait que les difficultés pendantes entre Paris et Rome fussent résolues pour prendre possession dè son nouveau siège, ee qu'il fit en 1823.

(2) *Histoire des Missionnaires,* p. 57.

adressé des plaintes à l'autorité diocésaine sur quelques défauts et irrégularités dans le service de la Chapelle et les registres des messes, que leur zèle, mal secondé ou entravé par des prêtres étrangers, ne parvenait pas toujours à réprimer efficacement ». Il fallait donc « donner à la Sainte Vierge une garde à l'abri de tout soupçon, aux pèlerins, des serviteurs dévoués, à certaines âmes qui en éprouveraient le besoin, des prêtres habitués aux ministères extraordinaires » (1), c'est à quoi pourvoyait Mgr Brault en appelant la jeune société des Missionnaires diocésains au service du pèlerinage de la Délivrande.

Le 7 avril suivant, « désirant mettre le précieux établissement des Missionnaires diocésains sous la protection spéciale de la Très Sainte Vierge et employer tous les moyens en son pouvoir pour le consolider dans le diocèse et le rendre de plus en plus utile au clergé et aux fidèle », il « le chargeait, sous sa juridiction directe et immédiate, de la desserte de la Chapelle de la Délivrande » (2).

« Munis de l'ordonnance épiscopale, M. Montanier, accompagné de M. Saulet, l'un des jeunes missionnaires, vint prendre possession de la Chapelle et recevoir les comptes du chapelain alors en service, M. Berthomé ». Ce « digne prêtre » avait fait tout le possible pour ménager à ses succes-

(1) *Hist. des Miss.*, p. 60.
(2) *Hist. des Miss.*, p. 61.

seurs « une entrée paisible dans leurs nouvelles fonctions », mais malgré tout son zèle, le bâtiment où devaient loger les missionnaires, n'était pas terminé. En attendant qu'il fût prêt, ils occupaient, « au moins mal possible », la demeure des chapelains (1).

Cette prise de possession, qui devait être de si heureuse conséquence à la fois pour le pèlerinage et pour les Missionnaires, eut lieu au mois de juin 1823, dans la semaine du Saint-Sacrement.

A peine installés, les Missionnaires diocésains, — que depuis l'on a appelés les Pères de la Délivrande, — se firent un devoir de consigner par écrit « les faveurs les plus remarquables et les plus authentiques dues à l'intercession de Notre-Dame ».

C'est ainsi qu'ils nous ont conservé la mémoire d'une guérison merveilleuse survenue six mois avant leur arrivée, au mois de décembre 1822. « Marie Duchemin, de Vire, âgée de 23 ans, était atteinte depuis 1817 d'une hydropisie qui, loin de céder aux efforts de l'art, faisait chaque jour des progrès lents, mais continuels. Depuis deux ans, obligée de garder constamment le lit, elle était en proie à des souffrances très aiguës ; dans cet affreux état, la mort était le seul objet de ses désirs, lorsqu'un espoir plus chrétien vint la ranimer. Souvent déjà la malade avait eu la pensée de faire le pèlerinage de la Délivrande ; ce fut enfin pour elle

____

(1) *Hist. des Miss.*, p. 62.

une résolution arrêtée, dont rien ne put la détourner : elle l'exécuta au mois de novembre 1822. Plusieurs fois pendant le voyage, elle se trouva si mal, qu'on croyait à chaque instant qu'elle allait expirer. On la descendit de voiture presque mourante. Portée à la Chapelle, elle se sent beaucoup mieux ; elle entend la messe, fait la sainte communion sans presque aucune douleur. Le mal disparut ensuite avec tant de rapidité, que, de retour à Vire, elle put marcher seule, prendre des aliments solides et se livrer à ses occupations habituelles. Pas une personne de la ville qui, en voyant ce changement si subit, n'ait crié hautement au miracle. — Le docteur-médecin qui avait soigné la malade et le vénérable ecclésiastique qui l'avait assistée, ont certifié, par écrit, qu'ils étaient persuadés qu'une aussi prompte guérison n'avait pu être opérée par des moyens naturels » (1).

En même temps qu'ils conservaient à la postérité le souvenirs des grâces accordées par leur Souveraine, les Pères de la Délivrande s'ingéniaient à lui assurer dans sa Chapelle un service digne de sa royale dignité et capable en même temps de satisfaire et de développer la piété des fidèles. Ils réglèrent l'ordre des messes et des divers exercices de dévotion, chapelet, bénédiction du Saint-Sacrement. Ils s'ingénièrent à former des chantres habiles et à recruter un clergé nombreux et bien dressé pour

____

(1) *Notice* par M. Laurent, p. 128-129.

rehausser l'éclat des grandes solennités. Chaque Père, à tour de rôle, assuma l'obligation de se tenir pendant toute la journée à la disposition des pèlerins. Ils se firent un devoir de les accueillir toujours avec aménité, respect, dévouement. Puis, ils se préoccupèrent de reconstituer le trésor de la Chapelle, si lamentablement mis à sac pendant la Révolution. « Dès les premiers jours, dit l'éminent historien des *Missionnaires de N.-D. de la Délivrande* (1), furent faits différents dons utiles à l'exercice du culte et à l'ornementation du saint lieu : un ciboire en vermeil, des burettes d'argent, des aubes, des linges sacrés, une couronne, de l'argent pour l'entretien des lampes, présages humbles encore, mais précieux, de ce qui devait se faire plus tard ».

Au mois de septembre 1824, eut lieu une cérémonie bien touchante. Le T. R. P. Saulet, nommé supérieur des Missionnaires après le départ de M. Montanier, avait obtenu que Madame de la Rivière lui cédât une statue de la Sainte Vierge, qui se trouvait dans son château de Champ-Rosay (Oise). Pendant la Révolution, des émeutiers, venus assiéger ce château pour exterminer les aristocrates qui l'habitaient, s'amusèrent d'abord à tirer des coups de fusil sur la statue de la Vierge. Par miracle, aucun projectile ne l'atteignit : elle sortit indemne de cette fusillade sacrilège. Les habitants de Douvres et de la Délivrande étaient au courant

(1) *Op. cit.,* p. 178-179.

de ces faits. Aussi quand le R. P. Saulet annonça que la Vierge de Champ-Rosay était donnée à la Chapelle et qu'elle serait érigée sur le portail latéral à la place de celle que les brigands de 1796 avaient brisée, un grand mouvement d'enthousiasme souleva tous les cœurs. On voulut réparer l'outrage fait à la Bonne Mère et que l'hommage expiatoire fut plus éclatant que ne l'avait été l'insulte. Une immense acclamation la salua quand elle passa dans les rues du bourg, portée solennellement en triomphe. La foule était si dense, qu'il fallut renoncer à terminer la cérémonie dans la Chapelle. A la hâte on construisit un reposoir devant la Chapelle et c'est de là que fut donnée la bénédiction du Saint-Sacrement.

La Sainte Vierge voulut-elle récompenser l'ardente confiance et la foi généreuse de ses enfants par de nouvelles et insignes faveurs ? On peut le croire. Car, les guérisons et les grâces de toute espèce se multiplièrent au sanctuaire vénéré. Je ne retiendrai que deux faits parfaitement authentiques et d'une plus grande notoriété.

« Depuis quatre ans, Charles Maraine, de la paroisse d'Ecorcey (Orne), était atteint d'une aliénation mentale très prononcée. Retenu au lit pendant tout ce temps, il souffrait des douleurs cruelles sans que personne pût l'approcher. Parents, amis, son confesseur même, pour lequel il avait auparavant beaucoup d'attachement, lui étaient devenus odieux. Cependant, malgré son délire, il parlait beaucoup de Notre-Dame de la Délivrande : c'était, en effet, par son secours qu'il devait recouvrer la santé. Plusieurs personnes firent le pèlerinage à cette intention, et communièrent dans la Chapelle de la Sainte Vierge, le 5 juin 1825. Le même jour, à Ecorcey, Charles Maraine se levait sans le secours de personne, et sans ressentir aucune douleur. Depuis ce moment, pas le moindre signe d'aliénation, pas le plus léger symptôme de la maladie n'a reparu. « Une lettre adressée par le curé de la paroisse aux chapelains de la Délivrande, confirme ces détails » (1).

Voici le second fait :

« Depuis le 4 août 1824, Madame la vicomtesse de Jumilhac, née d'Osseville, par suite d'une émotion éprouvée pendant sa première grossesse, se trouvait dans un état très alarmant, et les crises périodiques qui se renouvelaient sans cesse, avaient résisté au régime le plus sévère prescrit par les médecins de Paris et de Caen. Tous les remèdes avaient été inutiles. Le mal devint si désespéré que la malade ne songea plus qu'à se préparer à la mort. Réduite à ce triste état, Madame de Jumilhac conçut tout à coup l'espérance qu'elle serait guérie à la Délivrande le jour de l'Annonciation de la Sainte Vierge, que l'on célébrait — cette année 1826 — le 3 avril, elle demanda en même temps, le secours des prières du prince de Hohenlohe.

(1) *Notice* par M. Laurent, p. 129-130.

Elle écrivit au prince qui lui fit répondre, que le 3 et le 12 avril, à neuf heures du matin, il prierait pour elle et conformément à son intention. Dans ces entrefaites, les vomissements et les spasmes firent désespérer à son père et à son mari qu'elle pût jamais entreprendre le voyage de la Délivrande. A toutes leurs difficultés, la malade répondait avec courage :

« Comme vous voudrez, mais souvenez-vous que vous me mettez au tombeau, car jamais je ne guérirai par le secours du médecin. Dieu seul peut opérer cet effet par l'intercession de la très Sainte Vierge ».

« Un bulletin des médecins de Caen du 12 mars, déclare que l'état de la malade était alors des plus alarmants. Les médecins de Paris, consultés par lettres, à cette époque, exprimaient les mêmes craintes.

« Cependant, le 3 avril arrivé, Mme de Jumilhac part pour la Délivrande avec une entière confiance. Le voyage lui parut très pénible, quoiqu'elle fût couchée sur un matelas, dans une voiture très douce. On la transporta dans la Chapelle, où elle s'assit pour la première fois depuis cinq mois.

« Quand la messe commença, dit la malade que nous laisserons raconter elle-même les circonstances de sa guérison, je me sentis poussée par une force irrésistible à cesser toute prière et à répéter seulement avec le paralytique : *Seigneur, je veux être guérie.* Toute la messe se passa ainsi. Il me fut imposible de lire un seul instant dans mon livre. Je marchai sans souffrances pour aller à la sainte Table et revins de même. Je demeurai plus d'un quart d'heure à genoux pour mon action de grâces, au grand étonnement de mes parents. Leur surprise devint bien plus vive, lorsqu'ils me virent ensuite traverser sans fatigue la place qui conduit à l'auberge et manger avec eux de très bon appétit. La journée fut très bonne, et la nuit me procura un sommeil long et paisible : la fièvre avait disparu. Pendant les huit jours de la neuvaine, je repris peu à peu mes forces et mes habitudes. Cependant, je n'étais pas encore tout à fait guérie : je sentais toujours un poids sur mes jambes. Mais, le dernier jour, en montant en voiture pour retourner à la Délivrande, j'éprouvai subitement un si grand bien intérieur, que que j'annonçai à mes parents la disparition complète de la maladie. Ce fut dans des sentiments de reconnaissance et d'humilité que je fis ce pèlerinage. Une visite du docteur-médecin qui me traitait, confirma peu de jours après ce que j'avais dit. Après un mûr examen, il déclara ne plus trouver de mal, et me dit :

« Vous êtes dans un état où je me serais cru bien habile de vous placer dans deux ans. »

« Une foule nombreuse et tous les prêtres qui desservent la Chapelle ont été témoins oculaires de ce miracle. » (1)

(1) *Notice* par M. Laurent, p. 130-133.

Cette guérison miraculeuse devait avoir un épilogue intéressant pour la Délivrande.

Le père de Mme de Jumilhac, M. le comte d'Osseville, receveur général du Calvados, n'avait eu d'abord qu'une maigre confiance dans le moyen surnaturel que sa fille voulait employer pour se guérir. Sa joie et sa reconnaissance n'en furent que plus grandes quand l'heureux évènement se produisit.

« Je ne mourrai content, déclara-t-il, que si quelque établissement pieux à la Délivrande laisse un monument éternel de la reconnaissance que nous devons à Dieu. »

Deux ans plus tard — le 12 janvier 1828, — la naissance d'une fille de Mme de Jumilhac confirmait le miracle de 1826, et M. d'Osseville s'écriait de nouveau :

« Que rendrai-je à Dieu en retour d'une pareille faveur ? » (1).

De concert avec son autre fille, Mlle Henriette d'Osseville, qui depuis assez longtemps mûrissait le dessein d'entrer en religion, il résolut « d'édifier à l'ombre de l'antique sanctuaire de Notre-Dame de la Délivrande, l'un de ces pieux asiles où l'enfance pauvre et abandonnée grandit dans l'amour de Dieu et du prochain. » (2),

(1) *Hist. des Miss.*, p. 92.
(2) *His. des Miss.* p. 92. L'auteur de cette histoire, le R. P. Gautier a recueilli ces paroles de la bouche même du P. Saulet, qui fut l'instrument dont la Providence se servit pour mener à bien cette entreprise.

Au mois de février 1831, grâce aux libéralités de M. d'Osseville et au dévouement sans bornes du T. R. P. Saulet, ce dessein se réalisait par la fondation de la Vierge fidèle. Mlle Henriette d'Osseville, devenue la mère de Sainte-Marie, en était la fondatrice et la première supérieure.

Il leur avait fallu à tous une dose peu commune de foi, de confiance en la Sainte Vierge et de courage surnaturel pour mener à bien une telle entreprise dans un moment si critique. On était, en effet, en plein mouvement révolutionnaire. Pendant que Mlle Henriette d'Osseville terminait son noviciat à la Charité de Bayeux, où elle était retenue plus *longuement qu'elle ne l'avait cru* par la volonté de Mgr Dancel, pendant que le T. R. P. Saulet multipliait les démarches, tant pour acheter et aménager le futur couvent, que pour obtenir que la fondatrice fût autorisée à y venir, une nouvelle Révolution éclatait à Paris. On pouvait craindre qu'elle ne marchât sur les traces de l'ancienne, car il était avéré qu'elle était dirigée par les loges maçonniques.

De fait, les débuts furent moins que rassurants. Après avoir chassé le roi Charles X, les émeutiers se jetèrent sur l'archevêché de Paris et le mirent à sac. Ils pillèrent ensuite la maison des Missionnaires de France à Paris et envoyèrent partout des ordres pour que pareille conduite fût tenue à l'égard de tous les missionnaires .

La Délivrande se trouvait visée de nouveau et

en grand danger de succomber. D'autant qu'un journal de Caen, *Le Pilote,* se fit un devoir de patriotisme révolutionnaire de dénoncer « l'existence illégale et antinationale de la maison professe des Jésuites de la Délivrande » (1).

« Un jour fut même assigné à la populace de Caen pour marcher sur la Délivrande et la maison des Missionnaires... Mais, ce jour-là une pluie battante et froide calma les courages » (2).

La Sainte Vierge avait miséricordieusement protégé son sanctuaire et ses fidèles chapelains.

Cependant, une nouvelle tentative était à craindre et la prudence défendait que l'on comptât sur des miracles continuels pour se protéger. Devant l'orage qui menaçait toujours, Mgr Dancel estima sage de plier plutôt que de s'exposer à être rompu. Les missions furent suspendues jusqu'à nouvel ordre et le nombre des chapelains réduit de huit à trois. Les cinq autres missionnaires reçurent des postes dans le clergé paroissial.

Les trois missionnaires demeurés à la Délivrande continuèrent avec le même zèle le service de la Chapelle et du pèlerinage. La Sainte Vierge bénit la confiance qu'ils mettaient en Elle et l'obéissance dont ils faisaient preuve à l'égard de leur évêque, en leur amenant en foule des âmes à consoler, à éclairer, à sanctifier. Si les pèlerinages officiels

(1) *Hist. des Miss.* p. 85.
(2) *Hist. des Miss.* p. 86.

n'existaient plus, en revanche les pèlerins se succédaient sans interruption, tantôt par petits groupes, tantôt isolément. Bientôt les trois chapelains furent débordés, dès le mois de septembre 1831, on dut leur adjoindre un de leurs anciens confrères, le P. Creveuil.

L'année suivante, et bien que l'horizon politique fut toujours assombri, le T. R. P. Saulet reprit, avec l'autorisation de Mgr Dancel, l'œuvre des retraites ouvertes en faveur des laïcs, qu'il avait instituée en 1827 et interrompue en 1830. Toujours avec l'autorisation et la bénédiction de son évêque, il institua cette même année 1832, l'œuvre des retraites ecclésiastiques. Ces retraites d'abord peu nombreuses, groupèrent bientôt jusqu'à plus de cent prêtres. « En 1856, Mgr Didiot prêcha la clôture de la dernière retraite ecclésiastique à la Délivrande ; car, l'année suivante, il la supprima pour réunir désormais tous ses prêtres autour de lui dans son grand séminaire » (1).

L'année 1832 que nous voyons si féconde en travaux d'apostolat, fut marquée par un événement remarquable où l'on reconnut à n'en pouvoir douter la main toujours secourable de la Vierge libératrice.

Au début de 1832, le choléra éclatait subitement à Paris et de là gagnait successivement les départements voisins et la France entière. Le 8 juillet

_____

(1) *Hist. des Miss.* p. 89.

1832, il faisait son apparition à la Délivrande.
Jusqu'au 1er août, on ne comptait que quatorze
victimes, mais bientôt la virulence du terrible fléau
s'aggravait. Le 4 août, on enregistrait quatre décès,
le 6, il y en avait 7. Les jours suivants, c'était
pire encore. Avant la mi-août, 75 personnes étaient
emportées.

Les survivants s'affolaient. D'aucuns se sau-
vaient dans les villages voisins, d'autres campaient
en pleins champs, d'autres se calfeutraient dans
leurs appartements hermétiquement clos. Une terreur sans nom planait sur toutes les demeures et
glaçait tous les courages. On fuyait son meilleur
ami si l'on soupçonnait seulement qu'il était
contaminé.

Dans ce désarroi général, la Sainte Vierge
inspira à ses fils et à ses filles, je veux dire aux
missionnaires et aux religieuses de la Vierge Fidèle,
de se dévouer au soulagement corporel et au salut
éternel des pauvres cholériques abandonnés. Les
uns et les autres se prodiguèrent sans répit à leur
chevet. Le P. Creveuil fut même envoyé à Ouis-
treham et s'installa bravement au milieu des
malades.

Mais tous ces travaux et tout ce dévouement
demeuraient impuissants à enrayer la violence du
fléau. Il prenait chaque jour de plus inquiétantes
proportions.

Or, quand on a fait en vain tout ce qu'il est au
pouvoir humain de tenter, il ne reste plus qu'à

s'adresser au Ciel ou à attendre, dans un morne désespoir, l'inévitable mort. Les habitants de la Délivrande et les missionnaires, en gens de foi et qui avaient confiance dans le cœur de la Bonne Mère, optèrent pour le premier parti. Ils adressèrent à Mgr Dancel une pressante supplique pour que leur fût permis de transporter processionnellement la Statue miraculeuse par les rues du bourg.

Mgr Dancel ne pouvait refuser à ces pauvres enfants malades la visite de leur Mère. Le 14 août arrivait à la Délivrande l'ordonnance épiscopale autorisant pour le lendemain, 15 août, fête patronale de la Chapelle, la procession de la Statue miraculeuse.

En un instant cela fut connu dans la paroisse et les paroisses voisines. Et l'on vit alors un spectacle bien inattendu et bien touchant. Tous ceux qui avaient fui, tous ceux que la peur tenait terrés, tous ceux qui depuis un mois n'osaient approcher de la Délivrande, accoururent soudain et rivalisèrent de zèle pour préparer à la Vierge un cortège triomphal. On vint de Luc, de Douvres, des communes voisines. Il semblait, tant est grande la puissance de l'amour appuyé sur la foi, que la contagion fût exorcisée du seul fait que Notre-Dame allait sortir et bénir ses enfants.

Le 15 août donc, au début de l'après-midi, la Statue miraculeuse fut enlevée de sa niche et mise sur un brancard magnifiquement orné. Quels cris d'enthousiasme, de joie, d'espérance, d'amour jaillirent de toutes les poitrines quand elle apparut au seuil de la Chapelle, jetant sur la foule son doux regard tant aimé. C'était la Reine en visite chez ses sujets malheureux et les mains pleines de royales faveurs, c'était la Mère qui venait elle-même soigner ses enfants malades, c'était la Vierge au cœur si tendre, si compatissant, la Vierge à laquelle rien ne résiste au Ciel et sur la terre, la Vierge libératrice.

Et des cris se mêlaient aux sanglots et aux chants :

« Marie, vous êtes notre Mère ! »
« Marie, vous êtes notre unique espérance ! »
« Bonne Mère, vous allez nous guérir ! »

Et la Statue miraculeuse s'avançait, rayonnante dans l'air purifié, douce comme une oasis parfumée, acclamée par tout un peuple qui savait sa puissance et voulait guérir par elle. Les malades eux-mêmes — il y en avait une cinquantaine — se faisaient envelopper de couvertures et voulaient à tout prix se trouver sur son passage, la voir. On les transportait comme l'on pouvait au seuil de leurs portes, et là, mains jointes, tout tremblants d'émotion, ils attendaient le passage de leur Bien-Aimée Souveraine. Du plus loin qu'ils l'apercevaient, portée tantôt par les missionnaires, tantôt par les religieuses, tantôt par le peuple, leurs regards, leurs pauvres regards atones dans l'orbite démesurément creusée, se ranimaient soudain, s'enfiévraient, ne quittaient plus la chère apparition. De leurs lèvres exsangues s'échappait, plaintive et pourtant confiante, la prière infatigablement répétée par la foule :

« Salut des infirmes, priez pour nous.
« *Salus infirmorum, ora pro nobis.*

Et la Vierge passait, Elle voyait tous ces malades, Elle voyait toute cette foule, Elle voyait toute cette foi, tous ces espoirs, toutes ces prières. Elle entendait battre tous ces cœurs d'un grand sentiment unanime. Elle passait, impassible en apparence, en réalité pleine de compassion, de miséricorde, de généreuse libéralité. Avant qu'Elle rentrât dans sa Chapelle et reprît possession de son trône séculaire, la maladie était vaincue. Des cinquante malades que l'on comptait alors dans le bourg de la Délivrande, aucun ne mourut. Et pourtant, parmi eux, une vingtaine étaient en danger, neuf étaient désespérés et avaient déjà reçu les derniers sacrements. Le lendemain, 16 août, la situation était totalement changée. Aucun décès, aucun nouveau cas de contagion. Les malades revenaient à la santé et dans des conditions stupéfiantes de rapidité. On sait, en effet, que la convalescence des cholériques, quand par hasard elle se produit est extrêmement longue et délicate. Il n'en fut rien pour les cholériques de la Délivrande. Quelques jours après la procession, ils venaient tous à la Chapelle remercier leur Auguste Bienfaitrice et depuis leur santé se consolida merveilleusement (1). Tant et si bien qu'à partir de ce moment-là « les paroisses voisines, attaquées du même fléau, vinrent se réfugier à la Délivrande comme dans un port de salut ».

Devant un si éclatant prodige, l'autorité épiscopale s'émut. Elle demanda une enquête circonstanciée qui fut menée avec une conscience rigide et une impeccable sûreté d'information par le T. R. P. Saulet, M. Bellée, curé de Douvres et M. Roucamps, curé de Luc. Non content du rapport présenté par ces prêtres, Mgr Dancel sollicita l'avis de l'un des plus habiles médecins d'alors, le docteur Liégard de Caen.

Le 5 octobre 1832, le docteur Liégard lui répondit :

« Monseigneur,

« J'ai lu attentivement le rapport que vous m'avez fait l'honneur de me communiquer sur la cessation du choléra à la Délivrande ; il m'a paru très exact et parfaitement conforme aux observations que j'ai été à même de faire, pendant la durée de l'épidémie.

« Dans un rapport que j'ai présenté dans le

---

(1) Toutefois, il faut noter que le 19 une petite fille de 9 ans, complètement épuisée, succomba ; — qu'un homme mourut le 26, victime de son imprudence, qu'enfin un troisième cas de choléra fut signalé mais demeura douteux. (*Hist. des Miss.* p. 100).

temps, à la préfecture, j'avais cru devoir pareillement faire remarquer la cessation si extraordinaire de la maladie. Voici comment je m'exprimais à ce sujet : « l'épidémie avait repris toute son intensité..... elle s'arrêta presque tout à coup le mercredi 15, après la procession qui eut lieu dans l'après-diné... » Quelle que ce soit l'explication qu'on adopte, le fait reste toujours le même, la procession fut évidemment la cause de la cessation de l'épidémie. Mais, Monseigneur, ce qu'il fut alors impossible de faire remarquer à M. ·le Préfet, et ce qui m'a paru depuis, le plus digne d'observation, c'est la rapidité et la sûreté avec laquelle la convalescence presque toujours si longue et si incertaine, a marché chez nos malades. Nos quarante convalescents n'ont éprouvé aucune rechute, et tous, quoique plusieurs au 16 août, ne nous présentâssent aucune chance de guérison, ont été rendus en fort peu de jours à leurs occupations ordinaires.

« J'ai l'honneur, etc...

« Liégard, docteur-médecin ».

Le souvenir de ce miracle s'est conservé très vivace à la Délivrande pendant de longues années. La reconnaissance populaire a même voulu qu'il ne s'effaçât jamais. On l'a gravé sur la pierre, à la porte latérale sud de la Basilique actuelle.

Sans doute fit-il connaître au loin la Bonne Mère

qui, si bien avait secouru ses enfants, et c'est peut-être de là que vint à l'archevêque de Paris, Mgr de Quélen, l'idée de confier à Notre-Dame de la Délivrande un désir qui lui tenait fort au cœur, la conversion du prince de Talleyrand, ex-évêque d'Autun. Il accomplit son premier pèlerinage en 1834, vers le début de septembre. Le jour de la Nativité de la Sainte Vierge, il officia pontificalement dans la Chapelle en la présence de Mgr Dancel.

Quatre ans plus tard, au même jour exactement, il revenait, mais non plus en suppliant. Celui pour lequel il priait depuis plus de vingt ans et qu'en désespoir de cause, il avait recommandé à Notre-Dame de la Délivrande, avait enfin été touché par la grâce. Il s'était converti, il avait retracté publiquement ses erreurs et ses crimes, il était mort réconcilié avec l'Eglise et avec Dieu.

Mgr de Quélen heureux plus qu'on ne peut l'imaginer d'une conversion si éclatante et que beaucoup de bons esprits estimaient impossible, se souvint d'un vœu qu'il avait fait auprès de la Statue miraculeuse de la Vierge libératrice. Il fit exécuter une statue en bronze de la Très Sainte Vierge avec ce titre gravé sur le socle, *Virgo fidelis*.

Au dessous on lisait,

« Félicitez-moi, j'ai trouvé ma brebis qui était perdue. — 17 mai 1838 ».

« Ex-voto de Hyacinthe-Louis de Quélen, archevêque de Paris, pour le salut éternel du prince de Talleyrand, régulièrement réconcilié et mort avec des signes persévérants de pénitence ».

Cette inscription est en latin (1).

Mgr de Quélen vint lui-même bénir cette statue et la placer dans le couvent qui depuis a pris et conservé le nom de Vierge Fidèle.

Puisque je suis à parler des faveurs accordées par la Sainte Vierge dans son sanctuaire de la Délivrande, je rapporterai trois autres faits arrivés à cette même époque et dont l'authenticité a été régulièrement constatée.

Le premier concerne un cultivateur de la commune de Millesavates dans l'Orne, Jean-François Dufai. Ce brave homme souffrait depuis quarante-deux mois de violentes douleurs. Il avait dû s'aliter complètement. Quatorze médecins auxquels il s'était adressé successivement, n'avaient pu le soulager. Il songea dès lors à s'adresser au Ciel et projeta un pèlerinage à la bonne Notre-Dame de la Délivrande. Naturellement, les gens raisonnables auxquels il s'ouvrit de son projet, le déclarèrent impraticable, insensé. Mais quoi qu'on lui pût dire, il tint bon. On le hissa donc comme on put sur un matelas dans une voiture et l'on partit pour la Délivrande. Le voyage, comme bien on pense, fut long et douloureux, mais aussitôt qu'il eut pénétré dans la Chapelle, il sentit que ses souffrances diminuaient. Elles disparurent le lende-

_____

(1) *Notice* par un miss., p. 98-99.

main quand il eut entendu la messe et communié. Tant et si bien qu'il s'alla promener de son pied au bord de la mer, revint sans encombre chez lui, travailla comme devant qu'il fût malade et oncques depuis ne ressentit le moindre retour de son affection ancienne.

Cela se passait au début de juin 1836. Le quatorze du même mois et de la même année un second miracle mettait en émoi la population de Port-en-Bessin.

Ce jour-là, les gens de Port-en-Bessin étaient venus en pèlerinage à la Délivrande. Avec eux, ils avaient amené une pauvre femme paralysée du côté droit depuis quatorze ans et qui marchait avec une béquille. Tout le long de la route elle avait beaucoup souffert. Pendant la messe les souffrances loin de s'apaiser, augmentèrent plutôt : « au moment de la communion, elle se trouva dans un état tout à fait extraordinaire (1). Une sueur abondante baignait toute la partie malade ». Cela passa pourtant et la malade sortit de la Chapelle. Au moment du départ, elle y rentra avec tous les autres pèlerins pour prendre congé de la Sainte Vierge et voulut comme eux baiser les pieds de la Statue vénérée. Plusieurs personnes la soulevèrent. Elle s'écria alors : « Que la volonté de Dieu soit faite ! »

Sans doute, faisait-elle par ces parole le sacri-

____

(1) *Notice* par M. Laurent, p. 143.

fice de quelque espoir de guérison, sans doute, acquiesçait-elle du fond du cœur au triste avenir que Dieu lui présentait, et se résignait-elle à demeurer infirme jusqu'à la fin de ses jours.

Et bien, à ce moment-là même cet avenir changea subitement, son infirmité disparut comme par enchantement et sa guérison fut aussi radicale que prompte. Elle sentit que l'usage de ses membres lui était rendu, fit le signe de la croix, se dressa sur ses jambes, marcha sans effort, abandonnant sa béquille qu'elle déposa aux pieds de la statue et fit à pied les huit lieues du retour.

Le troisième miracle fut accompli en faveur d'une femme de Cahagnes, Marie Blouet, le 17 juin 1839.

Depuis quatre ans, Marie Blouet souffrait d'une gastro-entérite très violente qui l'avait peu à peu réduite à la dernière extrémité. Très vite, elle avait dû s'aliter, et c'est en vain que l'on avait fait appel aux ressources de la médecine. La gastro-entérite, poursuivant ses ravages sans répit, avait si bien délabré tous les organes de la pauvre femme qu'il lui était impossible d'absorber le moindre aliment, même liquide. C'était la mort à bref délai. Marie Blouet le comprit et pour se mieux préparer, sans doute, ou par un reste d'espoir, elle voulut faire le pèlerinage de la Délivrande. On chercha à l'en dissuader par les raisons les meilleures et les plus péremptoires. Elle ne voulut rien entendre. On l'apporta donc à la Chapelle. A peine y fut-elle entrée, qu'elle s'évanouit. On crut qu'elle allait passer. Pourtant, elle revint à elle et put communier. Immédiatement, le mal cessa. Elle était guérie et si bien qu'elle fit plusieurs repas dans la journée sans en éprouver le moindre inconvénient. Or, cette guérison s'est maintenue de longues années sans la moindre rechute. A telle enseigne que le médecin qui l'avait soignée, n'hésita pas à voir dans ce fait la preuve évidente d'une intervention surnaturelle.

On comprendra sans peine que ces miracles, et nombre d'autres bienfaits dont la notoriété fut moindre ou l'éclat moins vif, mais qui n'en attestaient pas moins la grande bienveillance dont la Sainte Vierge était animée à l'égard de ces dévots serviteurs, aient mis en vedette le pèlerinage de Notre-Dame de la Délivrande, et l'aient rendu bien cher à tous les diocésains de Bayeux.

Si, au lendemain des troubles révolutionnaires de 1830, on avait eu quelque raison de craindre, ces raisons s'étaient évanouies au lendemain des grands miracles que je viens de raconter. Qui donc aurait été assez osé de toucher à la Statue vénérée dont le seul aspect avait exorcisé le choléra ? Qui donc se fût permis de profaner ou de fermer une Chapelle où les paralytiques recouvraient l'usage de leurs membres, les malades, la santé, et cela subitement, au vu et au su de tout le monde ?

Très vite donc la confiance et la paix refleurirent autour de la sainte Chapelle. On y vint en pèlerinage, de toutes les paroisses, comme par le passé, bannières déployées, au chant des cantiques et au son des cloches.

De leur côté, les missionnaires rentrèrent tous à leur maison-mère et, comme auparavant, assurèrent le service de la Chapelle, donnèrent des missions et des retraites dans le diocèse.

La Révolution de 1848 et le coup d'Etat du 2 décembre 1851, ne rappelèrent en rien les jours funestes de 1830. Au contraire, il sembla un moment que les vainqueurs voulussent associer à leur triomphe la religion du Christ qu'avaient si magnifiquement défendue au nom de la liberté des hommes comme Montalembert et le P. Lacordaire.

Cela ne devait pas durer parce qu'au fond il y avait un malentendu radical entre les catholiques qui criaient : Vive la liberté ! et les libéraux irréligieux qui répondaient : Vive l'Eglise ! Un jour ou l'autre ce malentendu devait apparaître et amener de pénibles froissements, d'aigres récriminations, de nouvelles luttes religieuses. Mais, en attendant, la religion jouissait en France comme d'un renouveau de faveur. Pourvu qu'ils acceptassent de bon cœur et d'un gai visage le nouvel ordre de choses, prêtres et religieux pouvaient à leur gré aller et venir, prêcher, officier, catéchiser, se dépenser au service de Dieu et du prochain tout autant et de la manière qu'il leur plaisait.

Comme bien on pense, les Missionnaires de la Délivrande ne se seraient pas fait faute de mettre à profit d'aussi favorables circonstances, si la prudence des supérieurs tenue en éveil par trop d'expériences malheureuses, n'avait imposé un nouvel arrêt des missions et un nouvel exode des missionnaires. Pour la seconde fois, il fallait se séparer. Mais cette seconde séparation s'accomplit en des conjonctures moins tragiques que la première et elle fut de moins longue durée.

Bientôt on eut l'impression nette que la paix religieuse ne courait aucun danger imminent et missions et retraites reprirent leur cours accoutumé.

Quant au pèlerinage, il n'avait cessé d'être fréquenté. Bien plus, il se développait d'année en année, en telle sorte et manière que l'antique et vénérable Chapelle devenait manifestement trop petite pour satisfaire la piété des pèlerins et qu'il fallait songer à l'agrandir.

En 1853, le T. R. P. Saulet fit exécuter une longue construction latérale qui, du côté de la route de Luc, offrait l'apparence d'un bas-côté. Mais cela ne suffisait pas encore, et surtout cela ne répondait pas au désir qui tourmentait le saint missionnaire de donner à sa glorieuse Reine et bien-aimée Mère, un sanctuaire moins indigne d'Elle. Ce désir, il ne devait pas tarder à le réaliser.

CHAPITRE VI

La Basilique

« Qu'était-ce en 1853 que la Chapelle de la Délivrande si vénérée, si fréquentée des fidèles du diocèse de Bayeux et de toute la Normandie ? demande le T. R. P. Gautier dans son *Histoire des Missionnaires* (1). « Il est regrettable que le crayon, ou du moins, la photographie ne nous en ait pas conservé l'image à mettre en regard de la réalité d'aujourd'hui. Elle présentait un chœur et un sanctuaire d'origine romane, très bas, embellis ou gâtés peut-être par un autel en marbre d'assez belle apparence, une niche en pierre où reposait la statue très ancienne de Notre-Dame, une nef sans caractère, et, au nord de l'édifice, une espèce de bas-côté, bâti tout récemment pour y placer des confessionnaux, devenus insuffisants dans la Chapelle elle-même pour le nombre des missionnaires et celui des pèlerins ».

Tout cela était bien humble, bien étroit, bien vieux et d'un aspect misérable. Lorsque les pèlerins arrivaient à la Délivrande, ils avaient beau regarder

(1) P. 180.

attentivement de tous les côtés, ils ne voyaient poindre nulle part le clocher qui leur indiquât le but de leur voyage pieux. Il fallait être sur la place même de la Chapelle pour apercevoir le mince clocheton dont le faîte atteignait à peine le niveau des toits environnants. Et devant la Chapelle elle-même, le cœur des pèlerins se serrait. Quoi ! c'était donc là tout ce que l'on avait fait pour la *Miséricordieuse,* la *Clémente,* la Fidèle Protectrice des rivages bayeusains ! Et tout à l'entour, sur les joyeuses plages du littoral et à travers les champs ensoleillés de la riche plaine de Caen, se profilaient dans le ciel pur d'élégantes tourelles, de beaux clochers à jour, des tours monumentales ! Quel contraste inattendu et pénible !

Nul n'en ressentait douleur plus vive que le vénéré supérieur des missionnaires, le T. R. P. Saulet. Le misérable état de la Chapelle le poignait comme une ingratitude permanente envers la Mère de Dieu. Or, puisque la Sainte Vierge l'avait appelé à l'honneur de son service, puisqu'elle daignait abriter à l'ombre de son sanctuaire la petite société dont il était le chef, il estima que c'était une obligation d'honneur pour lui et les siens, une imprescriptible dette de reconnaissance filiale, de remédier à cet état de choses, d'élever à la gloire de leur Reine et de leur Mère un monument vraiment artistique et le plus beau qu'il se pourrait.

L'entreprise était hasardeuse. Ni le P. Saulet, ni ses fils n'appartenaient à l'aristocratie de l'argent.

Médiocres étaient leurs patrimoines, plus médiocres encore les ressources qu'ils tiraient de leurs travaux apostoliques. Et pourtant, il fallait de grosses sommes pour mener à bien le dessein que le zélé supérieur méditait de réaliser, il fallait des sommes énormes. Comment les trouver ?

Les circonstances ne favorisaient guère un appel à la générosité des fidèles. Après les bouleversements politiques et sociaux de 1830, 1848 et 1851, la richesse de la France avait promptement décliné. On connaissait la disette, sinon la famine. Toutes les choses nécessaires à la vie atteignaient un cours très élevé, et par contre, à cause du mécontentement général et de la défiance instinctive des classes possédantes, l'argent se cachait, ce qui rendait les transactions difficiles. On n'avait pas comme aujourd'hui, la ressource de la monnaie fiduciaire, créée au fur et à mesure des besoins par l'Etat et les chambres de commerce. Le souvenir trop proche des assignats interdisait absolument que rien fût tenté dans cette voie. Il y avait donc un peu partout, pénurie d'argent et gêne dans les affaires, ce qui, évidemment, n'incitait guère à la générosité.

Espérer que dans ces conjonctures on trouverait les sommes nécessaires à la reconstruction totale de la Chapelle, eût été folie. Le T. R. P. Saulet le comprit, mais ne se découragea pas pour autant. S'il ne pouvait tout faire d'un seul coup, rien ne lui interdisait de tenter quelque chose.

Mais par où commencer et avec quelles ressources ?

Je tiens du T. R. P. Supérieur, qui a connu très intimement les missionnaires de cette époque, le récit du fait suivant qui montre comment la Très Sainte Vierge s'y prit pour suggérer à son dévot serviteur ce qu'il fallait faire et la manière dont il fallait s'y prendre pour le réaliser.

Vers ce temps-là, vivait à Dozulé un excellent prêtre, M. l'abbé Durand, que peinait l'état lamentable de son église. Il résolut de la reconstruire. Or, il fallait 200.000 fr. et il n'avait pas un sou.

Qu'à cela ne tienne, il quêterait ces deux cent mille francs et le bon Dieu aurait une demeure convenable dans sa paroisse.

Mais avant de commencer sa quête, M. l'abbé Durand qui avait une confiance illimitée en la Très Sainte Vierge, vint à la Délivrande lui demander de la bénir. Arrivé à Douvres, en haut de la côte qui descend vers la Délivrande, il aperçoit la jolie bourgade toute proche et s'efforce de découvrir parmi les toits qui se profilent la demeure de la divine Protectrice qu'il vient implorer. Rien ne lui permet de la reconnaître. Cela contrarie sa piété généreuse et délicate.

« Il faudrait un clocher, se dit-il, on l'apercevrait de loin, cela ferait grand plaisir de saluer la bonne Vierge avant même d'être arrivé. Il faudra que j'en parle aux missionnaires ».

Donc, ses dévotions faites, il va trouver le T. R. P. Saulet et lui fait part de sa déconvenue à son arrivée à Douvres et des réflexions qu'elle lui a inspirées. « Il faut un clocher ! ».

.— Je n'ai pas d'argent, réplique le T. R. P.

— Moi, non plus, je n'ai pas d'argent, réplique M. Durand, cela ne m'empêche pas de bâtir une église qui va me coûter 200.000 fr. Quand on n'a pas d'argent, on en demande, et si c'est pour le bon Dieu, le bon Dieu en fait trouver. Je viens justement demander à la Sainte Vierge qu'Elle m'aide à faire ma quête. Faites de même pour votre clocher. Tenez, je n'ai que 500 fr. pour mon église, je vous les donne pour le clocher de la Chapelle. La Sainte Vierge me les rendra bien ».

Elle les rendit en effet, puisque, quelque temps après, le vénérable prêtre revenait en pèlerinage d'actions de grâces, remercier Notre-Dame de la Délivrande d'avoir mené à bien son entreprise.

De son côté, le T. R. P. Saulet fut frappé des réflexions que lui avait faites M. Durand et de son acte d'une générosité si méritoire.

Il réunit sans tarder les Pères et leur conta ce qui était arrivé. « Nous ne pouvons faire moins que cet excellent curé de Dozulé, conclut-il, ni montrer moins d'amour pour Notre-Dame, ni avoir moins de foi en Elle. C'est donc dit, nous construirons un clocher. Pour trouver les fonds nécessaires, nous prierons la Sainte Vierge et nous nous adresserons à ses fidèles amis ».

On n'escompta pas en vain la bienveillante générosité des amis de la Délivrande. Les offrandes

Ancienne chapelle avec clocher

Ancienne chapelle

vinrent en nombre assez grand pour permettre de commencer les travaux préparatoires au début de 1854. Ils s'achevèrent au mois d'avril suivant, et le 1er mai avait lieu la pose solennelle de la première pierre. Cette cérémonie fut présidée, au nom de Mgr Robin, par M. le chanoine Michel, vicaire général et doyen du Chapitre. Une dizaine de prêtres y assistaient en plus des missionnaires.

Les travaux furent activement poussés. Mais pour les mener à bien, il fallut faire un nouvel appel à la générosité des fidèles. Pour stimuler cette générosité le T. R. P. Saulet s'engagea, au nom des missionnaires et au sien, à faire célébrer chaque année, pendant dix ans, une neuvaine de messes en faveur des donateurs. Cette promesse fut rigoureusement exécutée dans les dix années qui suivirent.

Malgré tout on était encore loin de compte. Le T. R. P. Saulet eut alors recours au moyen que depuis on a vu un peu partout en honneur dans les circonstances analogues. Il organisa une loterie, qui produisit une douzaine de mille francs.

Cette fois le but était atteint, — grâce, il est vrai, au désintéressement de l'architecte, M. F. Barthélemy, qui ne voulut recevoir aucun honoraire.

M. Barthélemy s'était déjà signalé à l'admiration et à la reconnaissance du monde catholique par le splendide édifice de Notre-Dame de Bon-Secours à Rouen, dont il avait conçu les plans et fait exécuter le travail. Cet artiste d'un talent hors pair, brillait autant par la foi que par l'intelligence. Il avait accepté d'enthousiasme d'élever le clocher de la Délivrande, et, sachant fort bien dans quelle situation gênée se débattait le T. R. P. Saulet, il avait d'abord stipulé, pour le mettre à l'aise, que sa collaboration serait absolument gracieuse. Il l'offrait comme un hommage de sa reconnaissance et de sa piété à la bonne Notre-Dame. Même, il ne s'en tint pas là. Il voulut offrir encore de ses deniers la croix dorée et le coq qui surmontent le clocher. « Sur l'une des branche de cette croix, on lit cette inscription : « *Croix et coq offerts à Notre-Dame de la Délivrande par F. Barthélemi, sa femme et ses enfants* ». Sur les bras de la croix sont gravées ces paroles : « *Mihi absit gloriari misi in Cruce D. N. J. C.* » (1).

« Le coq porte sur une de ses ailes : *Vigilate et orate* (2), sur l'autre : *Sursum corda* » (3).

Par un sentiment de délicate piété que comprendront tous les dévots serviteurs de Marie, le T. R. P. Saulet et M. Barthélemy voulurent que dans l'inscription qui datait l'érection du clocher, mention expresse fût faite du grand événement religieux qui, cette année même 1854, exalta si magni-

---

(1) « Loin de moi la pensée de me glorifier, si ce n'est dans la Croix de N.-S. J.-C. »
(2) Veillez et priez.
(3) En haut les cœurs.

fiquement l'incomparable et originale sainteté de la Mère de Dieu. On lit donc, gravées dans la pierre, au-dessus de l'entrée de la sacristie, ces paroles empreintes de piété :

HŒC TURRIS

AUSPICE D. D. ROBIN, EP⁰ BAJOC, PIIS FIDELIUM

DONARIIS

ASSURGEBAT

CUM S. S. PIUS, P. P. IX

IMMAC. B. M. VIRG. CONCEPT. DE FIDE CREDENDAM

DECLARAVIT

« Cette tour s'élevait, sous les auspices de Mgr Robin, évêque de Bayeux, avec les pieuses offrandes des fidèles, alors que le Souverain Pontife Pie IX déclara dogme de foi l'Immaculée Conception de la bienheureuse Vierge Marie » (1).

Une imposante cérémonie avait accompagné la pose de la première pierre le 1ᵉʳ mai 1854, il était juste qu'une cérémonie plus belle encore couronnât l'érection de la croix au sommet de l'œuvre heureusement terminée. On travailla ferme à la rendre telle. De nombreuses invitations furent lancées et les premiers personnages religieux et civils du diocèse promirent leur concours, mais le

____

(1) Traduction du R. P. Rabot. *Notice* par un miss., p. 36.

temps se montra contraire. Il n'y a rien de complet ici-bas, rien d'achevé, de parfait. Une pluie torrentielle qui ne cessa de tomber, rendit impraticable la procession projetée. On dut se contenter de porter la Croix directement à la Chapelle, où elle fut bénite et demeura exposée jusqu'au lendemain. Ce jour-là seulement, il fut possible de la placer au sommet du clocher.

Le clocher terminé, le T. R. P. Saulet songea tout naturellement à le doter d'une cloche. Il y en avait bien une qui avait été bénite en 1827, mais faite pour habiter un modeste petit clocher, elle n'était plus du tout en rapport avec le nouvel et vaste édifice où se perdait sa voix grêle.

Le T. R. P. Saulet, s'adressa à un habile et pieux fondeur de Villedieu, M. Havard, et lui commanda une cloche de 2.600 kilos. Cette cloche fut prête au mois d'août 1856. Elle portait l'inscription suivante qui nous renseigne à la fois sur son origine et sur la cérémonie de sa bénédiction :

« Le treize du mois d'août de l'an de grâce 1856, j'ai été bénite par Monseigneur Charles-Pierre-Nicolas Didiot, lorsqu'il faisait son pèlerinage à la Délivrande, avant de prendre possession du siège de Bayeux. J'ai été nommée Marie. J'ai eu pour parrain Alphonse-Gabriel-Octave prince de Broglie, propriétaire au château de Saint-Georges d'Aunay ; et pour marraine, Marie-Elisabeth Le Forestier d'Osseville, comtesse de Jumilhac, propriétaire au château de Gavrus. Comme le clocher qui me reçoit dès sa naissance, je dois mon existence aux pieuses largesses des fidèles » (1).

Ces largesses des fidèles ne doivent pas nous surprendre : jamais, en effet, le pèlerinage ne fut plus fréquenté.

On en a la preuve par le nombre considérable de hauts dignitaires ecclésiastiques qui tinrent à honneur de prier la Sainte Vierge dans son sanctuaire de la Délivrande et dont la présence attira naturellement un nombre toujours croissant de pèlerins.

En 1851, c'est son Eminence le cardinal Wiseman, archevêque de Westminster, qui vient recommander à la Vierge Libératrice l'Eglise catholique d'Angleterre, alors fortement agitée et cruellement éprouvée.

Quelques semaines plus tard, NN. SS. l'archevêque de Rouen, les évêques de Coutances et de Séez, assistés de leurs vicaires généraux, se prosternaient, un cierge à la main, aux pieds de Notre-Dame de la Délivrande et lui consacraient solennellement leur personne et leur peuple.

Un ancien missionnaire de la Délivrande, Mgr Leherpeur fut nommé évêque de Fort-de-France. Avant de commencer son lointain apostolat, il vint retrouver Celle qu'il avait pendant vingt-neuf ans si fidèlement servie et lui demander sa maternelle protection. Ce pèlerinage eut lieu vers

(1) *Notice* par un miss., p. 37.

la fin de 1851. Quelque temps après, Mgr Leherpeur s'embarquait pour Fort-de-France. En route, le navire qui le portait fut assailli par une rude tempête et sur le point de sombrer. Mgr Leherpeur se tourna tout naturellement vers sa bonne Mère de la Délivrande. Il lui promit, si par son intercession, il échappait au péril imminent d'établir un pèlerinage en son honneur dans le diocèse où il se rendait. La tempête se calma, et Mgr Leherpeur, débarqué sain et sauf à Fort-de-France, accomplit sans délai son vœu. Il fit bâtir une très jolie chapelle en l'honneur de Notre-Dame de la Délivrande, peu en dehors de la ville de Saint-Pierre, aux flancs de la montagne Pelée.

Un des successeurs de Mgr Leherpeur, Mgr de Cormont, a raconté, dans un discours prononcé à la Délivrande le 14 juillet 1910, quelques épisodes tragiques de l'histoire de cette Chapelle. Ils touchent de trop près à Notre-Dame de la Délivrande pour qu'on ne me pardonne pas de citer les paroles du vénérable évêque.

« En 1891, dit-il, un cyclone épouvantable s'abattit sur la Martinique, qui appesantit particulièrement sa puissance dévastatrice sur le Morne-Rouge où avait été construite la Chapelle. Tout croula autour du sanctuaire. L'édifice lui-même tomba par terre. Mais lorsque, le fléau disparu, les chrétiens s'approchèrent, ils trouvèrent, dressée sur la colonne qui la portait, la statue intacte, préservée seule, alors que tout était détruit.

« En 1902, un nouveau désastre, un tremblement de terre à nul autre pareil, éclairé par des flots de feu et de laves jaillies du volcan, détruisit tout le Morne-Rouge et la ville de Saint-Pierre. Les habitants périrent par milliers. De nouveau, les murs de la Chapelle de la Délivrande croulèrent. Mais, fait prodigieux, lorsque les prêtres et les chrétiens abordèrent les ruines, une seconde fois, ils trouvèrent, seule debout et intacte, la statue vénérée » (1).

Les *Annales de N.-D. de la Délivrande* ont donné quelques détails intéressants sur ce dernier épisode. Je les résumerai brièvement.

Après le cyclone de 1891, le desservant de la Chapelle, le P. Mary, avait quêté pour la restauration de l'édifice sacré. Ces quêtes avaient permis au P. Mary de construire une nouvelle Chapelle plus belle que l'ancienne. Il était encore à son poste quand se produisit en 1902 le réveil formidable du cratère, éteint depuis longtemps, de la montagne Pelée. La première éruption eut lieu le 8 mai. Elle anéantit la ville de Saint-Pierre, mais laissa intact le Morne-Rouge. Peut-être la Sainte Vierge voulait-elle laisser à ceux qui vivaient à son ombre protectrice, le temps de se sauver. D'ailleurs les grondements ininterrompus de la montagne et les secousses parfois très violentes qui ébranlaient le sol, indiquaient bien que tout

(1) *Annales de N.-D. de la Délivrande*, août 1910.

n'était pas terminé. Beaucoup profitèrent de ces avertissemnts et de ce répit providentiel. Le P. Mary resta avec ceux qui répugnaient trop à s'exiler.

Le 20 mai, nouvelle éruption qui cette fois atteignit le Morne-Rouge. L'administration enjoignit à tous les habitants d'abandonner, au moins provisoirement, ce lieu désormais trop dangereux. Le P. Mary partit avec ses fidèles. Mais, petit à petit, on se rassura. Si la montagne Pelée grondait toujours, aucune éruption nouvelle ne se produisait. On voulut croire que tout péril était passé et l'on rentra. Le P. Mary revint avec ceux qui s'entêtaient à tout braver pour retrouver leur chez-soi. Mal leur en prit, car les 25, 29 et 30 août, de noúvelles et plus formidables éruptions se produisirent qui détruisirent tout. Le P. Mary était revenu pour que ses fidèles ne fussent pas privés de secours religieux : en bon serviteur de Marie, il les leur prodigua pendant ces jours et ces nuits tragiques. Blessé lui-même, à demi-mort, il se traînait comme il pouvait pour donner l'absolution et l'extrême-onction aux mourants. On le recueillit et on le porta à l'hôpital militaire de Fort-de-France, où il expira en arrivant.

Le 6 juillet 1855, Mgr Samirhi, patriarche d'Antioche, officia pontificalement selon le rite syriaque, et le sermon fut donné par le célèbre M. Ratisbonne, juif converti à la foi chrétienne par une apparition miraculeuse de la Sainte Vierge dans une église de Rome.

Le 16 novembre 1856, un ancien missionnaire de la Délivrande, Mgr Vesques, évêque de Roseau, dans les Petites Antilles anglaises, revenait, lui aussi, voir sa bonne Mère et se recommander à Elle.

On n'en finirait pas s'il fallait énumérer tous les pèlerinages d'évêques à la Délivrande. Il ne s'est guère passé d'années sans qu'on en comptât cinq ou six, quelquefois davantage. Il a fallu se restreindre à ne parler que des plus marquants. Cependant, je dois noter encore que les évêques de Bayeux ont tenu à honneur depuis le début du dix-neuvième siècle de visiter, au moins une fois chaque année, le sanctuaire de Notre-Dame de la Délivrande. Une ancienne tradition voulait même qu'aussitôt après leur consécration et avant d'entrer dans la ville épiscopale, ils vinssent d'abord rendre hommage à la Sainte Vierge, patronne du diocèse, dans son sanctuaire. Cette pieuse coutume fut interrompue au dix-septième siècle, après le vénérable Mgr de Nesmond. Mgr Robin la fit revivre en 1836 et depuis, elle a toujours été fidèlement suivie.

L'année 1861 vit renaître une autre tradition : la procession des Capucins de Caen, dont j'ai parlé précédemment et que la Révolution avait interrompue. Il est vrai que ce ne furent plus des Capucins qui recommencèrent le pèlerinage traditionnel. Après la tourmente, ils avaient été remplacés à Caen par d'autres fils de Saint-François, les Récollets, mais ceux-ci avaient à cœur autant que leurs frères et devanciers, de témoigner à la Sainte Vierge, protectrice du sol normand, leur filial et profond amour.

Il serait intéressant de relater encore les processions qui plus que jamais amenèrent aux pieds de la bonne Notre-Dame les prêtres et les fidèles du diocèse et des diocèses voisins, il serait intéressant surtout de dire de quelles grâces Notre-Dame paya cette ferveur que l'on avait pour son culte ; mais comment tout dire ?

Je me contenterai, pour l'édification des dévots serviteurs de Marie, d'emprunter au R. P. Rabot un récit dont il a vérifié par lui-même l'authenticité, et qu'il a consigné dans sa *Notice* (1).

« Sur la fin de 1865, Mme Chanut, de Toussaint-sur-Lautigné, diocèse de Lyon, tomba malade. L'état de souffrance et d'infirmité auquel elle fut réduite, durait depuis vingt mois et avait résisté à diverses médications, notamment à un traitement hydrothérapique prolongé : les médecins ordonnèrent les bains de mer. Le port de Saint-Guay lui fut indiqué, ainsi qu'à deux de ses parentes qui voyageaient avec elle. La personne qui leur avait donné ce renseignement à Paris, les conduisit à la gare de l'Ouest et demanda pour elles, par mégarde, des billets pour Bayeux. Arrivées à cette station, elles prirent des renseignements sur le

(1) *Notice* **par** un miss., p. 125-127.

port qu'elles avaient en vue, et il leur fut répondu que Saint-Guay était voisin de Saint-Brieuc et non de Bayeux, qu'elles auraient à revenir sur leurs pas pour prendre la ligne de Bretagne (I).

La malade éprouva de la contrariété de cette mésaventure qui, à son insu, la conduisait où la bonté de Dieu voulait s'exercer sur elle. Accablée par la fatigue d'un voyage de deux cents lieues depuis Lyon, elle s'effraya de celui qui lui restait à faire, et choisit pour y suivre son traitement la station de Luc, peu distante de Bayeux. Là, elle se faisait porter à la mer quand ses forces le lui permettaient et elle prit quelques bains sans en recevoir aucun soulagement, les douleurs et les faiblesses semblèrent même augmenter.

« La station de Luc est à trois kilomètres du célèbre sanctuaire de Notre-Dame de la Délivrande. Mme Chanut eut la pensée de s'adresser à la protectrice des marins de Normandie, et commença, avec ses deux compagnes, une neuvaine de prières pour obtenir le retour à la santé par la puissante intercession de Marie. Elle fit, en outre, plusieurs vœux qu'elle s'engageait à accomplir si elle était exaucée. Pendant tout le temps de la neuvaine, les prières redoublèrent. Le neuvième jour, 14 août 1867, veille de l'Assomption, elle fit le trajet de Luc à la Délivrande, dans une voiture à bras, ne

---

(I) En ce temps-là, la ligne de Lamballe à Lison qui les aurait conduits en Bretagne n'existait pas encore.

pouvant supporter les cahots d'une voiture traînée par les chevaux. Elle entendit la messe dans l'église vénérée et voulut, malgré sa faiblesse, communier à genoux. Lorsque la sainte hostie fut déposée sur sa langue, elle eut une conviction intime qu'elle était guérie ; en se relevant, elle marcha d'un pas libre et s'agenouilla sans peine pour faire une première action de grâces sur son prie-Dieu ; puis une seconde sur la dalle aux pieds de la statue miraculeuse. Sortant alors du sanctuaire, elle se promena sans éprouver ni pesanteur, ni souffrances, descendit ou monta des escaliers difficiles, et donna le jour même une attestation de la grâce qu'elle venait d'obtenir au R. P. Picot, supérieur des Missionnaires de la Délivrande.

« Tout ce qui lui était impossible avant, lui devint facile. Elle ne sentit plus ce poids intérieur qui rendait accablante pour elle une promenade de quelques pas dans sa chambre, l'ascension de deux ou trois marches, la position à genoux ou debout pendant une minute. Depuis le 14 août 1867 jusqu'au 31 mars 1868, jour où j'écris ces lignes, elle n'a plus éprouvé les douleurs qui ne l'avaient pas quittée dans le cours de la maladie, et est revenue à un état de santé complet.

« La robe que portait Notre-Dame de la Délivrande, le jour de la guérison, sert aujourd'hui de vêtement à une statue faite sur le modèle de la madone miraculeuse et installée au-dessus de l'autel, dans la Chapelle de Toussaint. La nouvelle

Notre-Dame de la Délivrande a déjà obtenu des faveurs à celles qui s'adressent à elle.

« En recevant la grâce qui est reproduite dans ce récit, Mme Chanut s'est obligée à la faire connaître pour que Dieu soit béni.

« M. le docteur Berne, de Lyon, aurait dit à Mme Chanut, en la voyant guérie :

« C'est là une maladie dont la médecine n'admet pas la guérison ».

On a lu dans ce récit que le T. R. P. Picot était supérieur des missionnaires. En effet, le T. R. P. Saulet était mort le 21 mai 1862, après avoir jusqu'à sa dernière heure travaillé pour donner à la Sainte Vierge un sanctuaire plus digne d'Elle.

Nous avons vu qu'en 1854, il avait fait bâtir sur les plans de M. Barthélemy, un superbe clocher. Mais ce clocher, par sa splendeur même, jurait avec le reste de l'édifice. De toute nécessité, il fallait pour rétablir l'harmonie reconstruire ce reste. La nef, en particulier, avec son bas-côté factice, sa voûte misérable et son peu d'ampleur s'avérait tout à fait insuffisante. C'est par elle qu'il convenait de commencer la reconstruction, mais l'argent manquait. Les travaux du clocher et l'achat de la grosse cloche avaient épuisé tous les fonds disponibles et, bien que la situation économique de la France s'améliorât de jour en jour, cependant, on ne prévoyait pas que la générosité des fidèles fournirait à bref délai les capitaux nécessaires.

La Sainte Vierge inspira alors à un des gardiens du sanctuaire, le R. P. Hébert, de consacrer tout ce qu'il possédait à l'œuvre projetée. Il réalisa donc toute sa fortune personnelle qui n'était pas médiocre et que ne grevait aucune charge et l'apporta à son supérieur, le T. R. P. Saulet.

« Ce sera, dit-il, pour la construction de la nef, et, ajouta-t-il plaisamment, c'est cette nef qui, je l'espère, me portera au Paradis » (1).

Cette généreuse offrande détermina le Supérieur et ses missionnaires à commencer, sans plus de retard, l'entreprise qui leur tenait tant à cœur. Ils soumirent leurs projets à Monseigneur Didiot, évêque de Bayeux, qui les approuva, et demandèrent à M. Barthélemy de bien vouloir établir les plans d'une nef dans le même style que le clocher. M. Barthélemy acquiesça avec sa bonté et son désintéressement coutumiers. En même temps, un entrepreneur de Douvres, M. Mauger, se chargeait de l'exécution du travail. Les plans et devis furent vites établis. Le 15 mai 1862, ils recevaient la double approbation de l'autorité diocésaine et de l'administration civile. Le lendemain 16 mai, on commençait la démolition de l'ancienne nef. Cinq jours plus tard, le 21 mai, le T. R. P. Saulet mourait.

Il pouvait mourir : l'œuvre qu'il avait, dès ses premières années, rêvé d'accomplir, était assurée

____

(1). *Hist. des Miss.* p. 184.

désormais. « *Si jamais* » ! avait-il dit, alors que jeune séminariste ou jeune prêtre, il était venu prier auprès de Notre-Dame de la Délivrande (1).

La Sainte Vierge avait entendu ce cri spontané d'une âme vraiment apostolique. Elle l'avait doucement amené près d'Elle et, par la voix de son évêque, chargé de veiller sur sa Chapelle et de guider les âmes qui viendraient y chercher de la force et de la lumière..

Il avait rempli cette mission de confiance, quarante ans durant, avec une conscience, un zèle, un désintéressement et une autorité qui firent l'admiration des prêtres du diocèse, des fidèles de la Délivrande, des religieuses, des pèlerins et généralement de tous ceux qui eurent l'occasion de le connaître. Outre la *Vierge Fidèle* qui lui dut de vivre et de prospérer, il a fondé l'œuvre des Missions, la *Sainte Famille*, un ouvroir pour le bourg de la Délivrande, l'œuvre des retraites ecclésiastiques, l'œuvre des retraites d'hommes et des retraites de femmes. Il a restauré les pèlerinages, bâti le clocher et attaché son nom à l'édification de la basilique nouvelle. Si le pèlerinage de la Délivrande a acquis depuis un siècle un lustre nouveau, c'est bien à lui, après la Sainte Vierge, qu'il le doit.

_____

(1) Peut-être à ce moment-là ne rêvait-il comme ambition suprême, que d'être chapelain à Notre-Dame ? — Voir *Hist. des Miss.* p. 21. Il y a là tout de même un signe de vocation singulièrement émouvant.

Mais, comme toutes choses sur la terre n'atteignent jamais leur dernière perfection, il a dû laisser son œuvre inachevée. Comme Moïse, au seuil de la Terre promise, il a conduit son peuple aux premiers confins d'une ère nouvelle de grandeur et de prospérité et il est allé au Ciel recevoir une récompense que la terre ne pouvait pas lui donner.

Son œuvre, cependant, ne périclita pas. Héritier de son zèle, le T. R. P. Picot la continua avec un vrai bonheur.

Le 5 août 1862, l'un des vicaires généraux de Bayeux, M. le chanoine Michel, procédait à la pose solennelle de la première pierre de la nouvelle nef.

Le 25 mai de l'année suivante, un autre vicaire général, M. le chanoine Rivière, bénissait cette nouvelle nef avant qu'elle fût tout à fait terminée, et ce, afin que les pèlerins qui affluent à cette époque de l'année, trouvassent un abri convenable pour prier.

Le 26 novembre de cette même année 1863, nouvelle cérémonie fort imposante pour l'érection, au fronton du portail principal, d'une belle statue de la Sainte Vierge, due au ciseau de M. Fulconis, sculpteur renommé de Paris.

Aussitôt après cette érection, M. Fulconis se remettait à l'œuvre et gravait les principaux faits miraculeux du pèlerinage sur les tympans du portail principal et du portail sud.

En même temps, M. Barthélemy faisait exécuter par un habile serrurier de Rouen, la grille qui se trouve devant la statue de Notre-Dame.

Toutes ces réfections et tous ces embellissements successifs risquaient de compromettre l'unité des styles et l'harmonie de l'ensemble, si l'on ne prenait la précaution de tracer d'abord un plan général. Le T. R. P. Picot et les missionnaires le comprirent. Ils demandèrent donc à M. Barthélemy qui jusque-là avait tout conduit, de parfaire son œuvre en dressant le projet définitif de tous les travaux qui demeuraient à faire. Ce projet fut arrêté au début de 1865. Il comprenait les chapelles de Saint-Joseph et de Sainte-Anne, avec leurs autels, la niche de la Statue vénérée, le chœur et le maître-autel, enfin un nouveau clocher, le clocher nord. Dès le quinze août suivant, le T. R. P. Picot annonçait aux fidèles les travaux projetés et sollicitait leur concours.

Cet appel fut entendu et suscita de tels dévouements qu'aussitôt le T. R. P. Picot résolut de se mettre à l'œuvre.

En 1866, bénédiction par M. le chanoine Noget, vicaire capitulaire, de la chapelle Saint-Joseph.

En 1868, construction de la chapelle Sainte-Anne et de la niche.

En 1869, bénédiction d'une statue de Saint-Joseph par Mgr Hugonin.

En 1870, de grandes fêtes étaient projetées pour l'inauguration de la nouvelle niche occupée par l'antique statue de Notre-Dame. Les événements donnèrent à cette cérémonie un caractère imprévu de tristesse et d'angoisse. On était au 4 septembre.

Il y avait plus d'un mois que la guerre était déclarée à l'Allemagne et déjà des nouvelles sinistres et de plus sinistres bruits circulaient. Ardent patriote autant que dévot serviteur de Marie, Mgr Hugonin voulut que le deuil de la patrie fût associé au triomphe de la Sainte Vierge.

Répondant à son appel et à l'appel du T. R. P. Picot, les fidèles étaient accourus-en grand nombre. On comptait au moins 10.000 personnes. Mgr Hugonin ordonna que la procession, au lieu de se cantonner aux alentours de la Chapelle comme il avait été prévu, se déroulât dans les rues du bourg et revint par la route de Langrune. « Pendant tout ce temps, on chantait les litanies de la Sainte Vierge avec la reprise : *Auxilium christianorum, ora pro nobis.* En rentrant dans le bourg et pendant le second tour, on chantait le psaume *Miserere*, dont chaque verset était suivi de l'invocation : *Parce Domine* ; enfin le chant du « *Diva servatrix* » (1).

On ne peut se faire une idée du recueillement, de la ferveur, du silence impressionnant qui planaient sur la foule immense dans l'intervalle des chants et au salut du Saint-Sacrement qui clôtura la cérémonie. On sentait vraiment et l'on comprenait qu'il n'y avait pour notre pays de secours à attendre que du côté de Dieu et l'on se tournait vers Lui, vers sa Mère bien-aimée et toute puissante sur son Cœur avec un indicible sentiment de confiance et de fervents désirs.

(1) *Hist. des Miss.*, p. 145.

Hélas ! n'avait-on pas appris la veille, que, trois jours auparavant, le 1ᵉʳ septembre, l'Empereur avait capitulé à Sedan, qu'il était prisonnier avec son armée ? Le soir même, n'apprenait-on pas que la République venait d'être proclamée à Paris ? La Révolution s'ajoutait à l'invasion étrangère pour accabler la France.

Ceux qui ont vu les larmes de Mgr Hugonin à l'annonce de ces tristes nouvelles, ceux qui ont été les témoins et les confidents de sa douleur, ont admiré combien son cœur d'évêque était sensible au malheur du pays, à quelle hauteur de dévouement il savait s'élever et comment la conscience de sa responsabilité de chef religieux ennoblissait jusqu'au sublime ses éminentes qualités. Ils ont songé à Jésus pleurant sur Jérusalem coupable. Et certes, la comparaison n'était pas outrée.

La France aussi était coupable, bien coupable. Le gouvernement impérial qu'elle s'était donné au lendemain des troubles révolutionnaires de 1848, avait bien assuré l'ordre matériel et développé la richesse du pays, mais il avait été moins soucieux d'assurer sa prospérité morale et ses pratiques religieuses. Après avoir, comme le devait un gouvernement catholique, chef d'une nation catholique, pris sous sa protection le Pontife suprême, chassé de Rome, après avoir promis de le défendre contre tous ses ennemis, il avait permis qu'en France même on le vilipendât par la presse, par la brochure, par le livre, dans les discours publics et quelquefois officiels, il avait permis qu'on le dépouillât peu à peu, et enfin, il l'avait abandonné lâchement, livré à ses ennemis. Rome était prise, le Pape prisonnier au Vatican. Mais en même temps, et par un juste retour, Dieu abandonnait l'Empereur. Ses armées étaient vaincues, lui-même prisonnier, son trône renversé, sa famille exilée et bientôt Paris capitulerait.

Toute la France pourtant ne partageait pas les complaisances criminelles de l'Empereur pour les ennemis de l'Eglise et du Pape.

On s'en aperçut bien quand, à la voix de nos évêques, les églises s'ouvrirent toutes grandes aux prières, aux saluts de pénitence, aux supplications des fidèles et se trouvèrent trop petites.

La Chapelle de la Délivrande fut choisie par Mgr Hugonin, comme l'un des foyers principaux de la prière pour la Patrie en danger.

Les processions accoururent nombreuses de toutes les paroisses voisines. Les pèlerins isolés ne se comptèrent plus, et pour satisfaire à la piété de tous, on dut multiplier les saluts, les exercices de pénitence, les cérémonies expiatoires, les instructions.

Tant de ferveur qui se déployait non seulement à la Délivrande, mais dans tout le diocèse, ne contribua pas, sans doute, médiocrement à préserver notre région de l'invasion ennemie. La prière, en effet, a un merveilleux pouvoir auprès de Dieu. Les hommes ne font jamais que ce que Dieu leur permet de faire ; quelque puissants et quelque mal intentionnés qu'ils soient, un moment vient où ils s'arrêtent sans savoir pourquoi, où leur puissance s'évancuit sans qu'on puisse voir comment, sans qu'eux-mêmes s'en aperçoivent. *Digitus Dei est hic !* Le doigt de Dieu est là !

L'invasion s'arrêta aux confins du diocèse, où régnait la Libératrice : bientôt, intervenait l'armistice du 29 janvier 1871, prélude de la paix.

La France allait enfin respirer, panser ses plaies, rétablir sa fortune compromise.

Pas encore ! Le gouvernement impérial avait permis que fussent jetés dans la conscience et le cœur du peuple d'abominables sophismes, des ferments de haine, des germes de guerre religieuse et sociale ; à la faveur des événements, ces mauvaises semences allaient produire leurs fruits. La Commune éclata et sous les yeux narquois des Allemands, campés tout près de là bouleversa, ensanglanta et finalement brûla Paris !

Cette fois, la Justice divine estima que l'expiation suffisait. A la fin de 1871, le calme était revenu, l'ordre assuré.

Il convenait d'en remercier Dieu. Il convenait tout spécialement aux fidèles du diocèse de Bayeux de remercier la Très Sainte Vierge dont la protection avait été manifeste tant pour les événements d'ordre militaire et révolutionnaire que pour l'épidémie de variole noire qui sévit un peu partout après la guerre et fit de cruels ravages.

A ce propos, peut-être ne trouvera-t-on pas malséant que je signale le dévouement héroïque de deux missionnaires de la Délivrande, les RR. PP. Dupont et David, qui contractèrent la terrible maladie au service des soldats contaminés et offrirent tous les deux à leur bonne Mère, Notre-Dame de la Délivrande, le sacrifice de leur vie pour la France.

Donc, il était tout indiqué que l'on remerciât magnifiquement Notre-Dame de la Délivrande. Une occasion favorable se présenta à propos du couronnement de la Statue vénérée, et cette occasion, la piété des fidèles s'en saisit avec un empressement incroyable.

« L'usage de couronner les statues de la Très Sainte Vierge est bien ancien dans l'Eglise, et bien conforme au titre de Reine des anges et des hommes que toute la tradition donne à Marie, mais autres sont les couronnes offertes à la Sainte Vierge, de temps immémorial, par la piété libre des fidèles, autres celles qu'un décret solennel du Chapitre de Saint-Pierre de Rome, sur l'avis favorable du Souverain Pontife, décerne aujourd'hui, à une statue célèbre par la vénération des fidèles et les faveurs qui l'ont signalée » (1).

Cet usage remonte au comte Alexandre Sforza. Le comte Alexandre Sforza vivait dans le duché de Parme vers la première moitié du XVIIIe siècle.

____

(1) *Fête du Couronnement*, p. 5.

Animé d'une dévotion fervente envers la Sainte Vierge, il avait consacré le meilleur de ses revenus à faire couronner les statues de la Reine du Ciel. Sentant venir la mort et n'ayant aucun héritier dont il fut absolument sûr, il légua une partie de ses biens au vénérable Chapitre de Saint-Pierre de Rome pour continuer après sa mort l'œuvre qui lui avait tant tenu à cœur pendant sa vie mortelle. Le legs fut agréé et les intentions du pieux donateur scrupuleusement observées.

Malheureusement, les révolutions du XVIIIᵉ et du XIXᵉ siècle modifièrent profondément les conditions auxquelles le Chapitre de Saint-Pierre pouvait accorder le privilège du couronnement solennel. La spoliation sacrilège n'avait pas plus respecté le legs du comte Sforza, qu'elle n'avait fait des autres biens d'Eglise ; en telle sorte, que le Chapitre de Saint-Pierre dépouillé de ses revenus, ne put désormais subvenir aux frais des divers couronnements qu'il autorisait. Les frais incombèrent dorénavant à ceux qui demandaient le couronnement.

Le diocèse de Bayeux, par l'organe de son évêque, Mgr Hugonin avait fait cette demande pour la statue de Notre-Dame de la Délivrande dès l'année 1870. Quinze évêques français l'avaient appuyé auprès du Souverain Pontife.

Elle était, d'ailleurs, d'autant plus recevable que l'année précédente, Notre-Dame de la Délivrande de Martinique avait eu les honneurs d'un couronnement solennel. Etait-il admissible dès lors que la première et authentique Notre-Dame de la Délivrande demeurât sans honneurs ?

Le Saint Père et le Chapitre de .Saint-Pierre ne le pensèrent pas. Le 8 mai 1870, la faveur si ardemment souhaitée était accordée, et le 15 mai suivant, le T. R. P. Picot, supérieur des missionnaires, annonçait cet heureux événement aux fidèles du diocèse par l'entremise de la *Semaine Religieuse* et, en même temps, faisait appel à leur générosité pour la confection de deux couronnes précieuses, l'une pour la Sainte Vierge, l'autre pour l'Enfant Jésus que la Vierge porte entre ses bras.

Dès le 10 juillet, le succès de cet appel était assuré. On envoyait à Rome tout ce qu'il fallait d'or et de pierreries pour ciseler et sertir les deux couronnes. Mais, à ce moment-là, se produisaient les tristes événements qui renversaient la royauté pontificale. Les trésors religieux n'étaient plus en sûreté à Rome. On reprit l'or et les pierreries et on les confia à l'un des meilleurs joailliers de Paris, M. Mellerio.

Pendant que M. Mellerio apportait tous ses soins à l'exécution des deux couronnes, « la maison Poussielgue, de Paris, préparait à la sainte Image, pour le jour de son triomphe, une robe de drap d'or d'une richesse incomparable, avec un voile du même, orné d'arabesques, lis et bleuets, bordés de dentelle d'or, dite point de Paris. Une main accou-

Nouvelle chapelle, la nef et le 1er clocher

tumée à parer Notre-Dame de la Délivrande, ajoutait au voile d'or, une riche parure de dentelles » (1).

Les couronnes terminées, le T. R. P. Picot allait les porter à Rome, pour qu'elles reçussent la bénédiction de Pie IX. Le 16 juin 1872, de retour à la Délivrande, il rendait compte dans la *Semaine Religieuse* de l'accueil vraiment paternel que lui avait ménagé le bon et saint Pape. Le 8 août suivant, Mgr Hugonin faisait paraître un mandement par lequel il convoquait tous les fidèles à la Fête du Couronnement qui était fixée au 22 août.

Grand fut l'enthousiasme à cette nouvelle. Surtout à la Délivrande. On peut dire que pendant ce mois d'août 1872, il n'y eut pas dans la bourgade d'autre préoccupation, d'autre souci, ni d'autre travail que la préparation de la grande fête.

Aussi, le jour arrivé, ce fut un émerveillement pour les pèlerins de parcourir les rues splendidement décorées, la Chapelle, parée comme elle ne l'avait jamais été, l'estrade monumentale et d'un goût exquis élevée sur la grande place.

Son Eminence le cardinal de Bonnechose, archevêque de Rouen et primat de Normandie, présidait la cérémonie et devait, au nom du Souverain Pontife et du Chapitre de Saint-Pierre de Rome, imposer solennellement les deux couronnes à la Sainte Vierge et à l'Enfant Jésus. La veille il avait

(1) *Fête du Couronnement*, p. 9.

été solennellement reçu par M. le Maire et M. le Doyen de Douvres. Il était entouré de NN. SS. les évêques de Bayeux, de Beauvais, de Montpellier, de Coutances, d'Evreux et le T. R. P. Abbé mitré de la Trappe de Mortagne.

Parmi les hautes personnalités civiles, on remarquait : M. le Préfet du Calvados (1), M. le Premier Président de la Cour de Caen (2), le Recteur de l'Académie (3), le général de Vendeuvre. L'excellente fanfare du 20ᵉ bataillon de chasseurs à pied prêtait son concours à la cérémonie.

On craignit un instant que cette cérémonie n'eût qu'un succès relatif. Toute la nuit précédente, en effet, et le matin même, la pluie tomba froide et drue, présageant une vilaine journée. Est-ce que cela n'allait pas décourager les bonnes volontés, et diminuer sensiblement le nombre des pèlerins et curieux ?

Des curieux, oui certes, et ce fut bien heureux, car on n'aurait pu trouver pour eux la moindre place ; mais des pèlerins convaincus, oh non ! Ils aimaient bien trop la bonne Vierge.

Dès le petit matin, on les vit affluer par toutes les routes qui conduisent à la Délivrande. « Ce fut, disait dans le Discours du Cinquantenaire, Mgr Touchet, qui parlait en témoin, une avalanche de carrioles, de cabriolets, de charrettes, de

(1) M. Joseph Ferrand.
(2) M. Edmond Olivier.
(3) M. Jean Allou.

fiacres, de berlines, de piétons isolés, de religieux, de religieuses, divers d'habits, divers de règle, de cultivateurs au milieu de leurs gens, de marins à barbes drues, taillées en collier, de séminaristes, de soldats, de curés, avec leurs ouailles, ici en « compagnie », là en procession. Chaque groupe faisait sa rumeur ; qui, disait le chapelet ; qui, clamait le *Diva servatrix* ou les litanies de la Vierge ; chacun avait son ton, chacun avait son rythme ; les clarinettes, les pistons, les altos, les ophicléides accompagnaient, énergiques, dominateurs, bruyants ; au-dessus de quoi mugissait le bourdon.

« Dans la Chapelle, ni les confessions, ni les communions ne cessaient.

« Autour de la statue transportée sur la place publique, des prosternements d'infirmes, d'ulcéreux, de fiévreux, de désolés, appelaient la guérison et la consolation.

« On se demandait où cette multide gîterait, se tasserait. Quand le bourg fut rempli à en craquer, d'elle-même, elle trouva la solution : les tard-venus allèrent au milieu des champs ».

Et la cérémonie se déroula, grave, solennelle, émotionnante : « les pontifes agenouillés ; trois ou quatre cents prêtres, je ne sais trop, frémissants ; une foule de dix, quinze mille personnes, plus, extasiée, retenant son souffle ; le Cardinal, la cape de pourpre aux épaules, la mitre en tête, s'élevant par un degré, lentement, très droit, très haut, très mince, très distingué, posant la première couronne sur la tête de l'Enfant Jésus, la seconde sur la tête de sa Mère et disant à Marie dans sa prière auguste : « Que cette couronne d'or soit placée sur votre tête en signe de votre sainteté, de votre gloire, de votre force invincible » ; un immense *Vivat* s'échappant des gorges trop longuement contractées ; les yeux mouillés de larmes ; un *Te Deum* imprévu au programme, croirais-je, entonné par les prêtres et lancé, Messieurs, comme vous savez, jusqu'aux étoiles ! » (1).

L'après-midi, par les rues du bourg et les routes de Douvres et de la Délivrande, se déroula, merveilleuse d'entrain, de piété, de joie interminable aussi, la procession de la Statue vénérée. Ce fut une manifestation de foi comme rarement il est donné d'en admirer et la Reine du Ciel put être fière des acclamations enthousiastes de ses sujets de la terre.

Et puis, ce fut le sermon du P. Picot, « l'un des plus beaux prédicateurs qui se pût écouter Il portait une noble tête de prêtre sur un corps puissant. Sa voix sonore s'en allait loin, semblable à une trompette d'argent. Son émotivité était facile : à de certaines minutes, on voyait ses lèvres trembler, ses yeux verts lancer des éclats ou se voiler de larmes. Ses mains intelligentes traduisaient, sans préciosité vaine, sans déclamation,

-----

(1) *Discours du Cinquantenaire.*

tout ce que disait la parole..... Il dit ce qu'est
une couronne ; comment il avait été annoncé, par
les prophètes d'Israël, que Marie serait couronnée
à quels titres il convenait, que Notre-Dame de la
Délivrande reçut cet hommage. Il fut superbe. Et
quand, détaché violemment en son surplis blanc sur
le fond noir d'un ciel orageux, il termina, nous
jetant le reste de son larynx et tout son cœur dans
un grand cri de : « Vive Notre-Dame de la Délivrande ! » nous lui répondîmes en faisant à la
Mère commune la plus sincère, la plus interminable
des ovations » (1).

Ce fut une journée triomphale pour la Sainte
Vierge, inoubliable pour tous ceux qui eurent le
bonheur d'y assister. Tous les journaux catholiques
de Paris et de la province s'accordèrent à le
constater.

Les pieux catholiques exultaient. Ces manifestations grandioses où, comme dans une transfigu-
ration soudaine, leur était apparu quelque chose
de la gloire de Marie, avaient redoublé leur foi et
galvanisé leur amour. Pour Elle, pour l'honneur
de son nom et la beauté de son temple, ils étaient
prêts à tous les sacrifices.

De leur côté, les missionnaires désiraient, d'un
désir passionné, que le sanctuaire de leur bien-
aimée Reine et Mère reçut enfin son dernier
perfectionnement, que fussent construits le chœur

(1) *Discours du Cinquantenaire.*

et le second clocher prévus dans le plan définitif de M. Barthélemy.

Sans plus tarder, on se mit à l'œuvre. Pour réaliser le plan de l'architecte, il fallait sacrifier la maison des anciens chapelains et régler avec l'administration civile quelques échanges de terrain. Cela fut fait. Mais on s'aperçut qu'une partie du terrain où l'on devait bâtir, avait été autrefois creusé pour une carrière. Donc nécessité d'aménager d'abord une chapelle souterraine ou crypte et aussi de consolider les fondations du premier clocher qui sans cela se trouveraient compromises. Le T. R. P. Picot n'hésita pas un instant. Plein de confiance en la piété généreuse des serviteurs de Notre-Dame, il fit un appel chaleureux que tous entendirent et auquel tous répondirent. Les offrandes affluèrent et comme, malgré tout, elles ne couvraient pas toutes les dépenses prévues, on organisa une loterie qui produisit environ 90.000 francs.

Donc le 1er juillet 1873, Mgr Hugonin posa solennellement la première pierre de la nouvelle construction. Le 22 août 1878, anniversaire du couronnement, il bénissait le second clocher au-dessus duquel s'érigeait une magnifique croix en fer forgé, don de M. Barthélemy. En 1881, le chœur était terminé et recevait la brillante parure de ses verrières.

Le grand œuvre des missionnaires était enfin achevé, et le rêve de leur fondateur et premier supérieur réalisé : la Sainte Vierge avait un temple digne de ses bienfaits, de sa grandeur et de sa gloire.

Et ce temple s'emplissait constamment de pieux pèlerins qui, seuls ou en groupes, venaient exposer à leur bonne Mère les besoins de leurs corps et les besoins de leurs âmes, leurs désirs, leurs espérances, leurs chagrins, leurs craintes, leur reconnaissance aussi, car Notre-Dame de la Délivrande ne sait rien refuser à personne.

Qu'on me permette pour donner une idée de ce que fut la piété de nos pères envers Notre-Dame de la Délivrande, d'invoquer le témoignage du plus illustre des enfants du diocèse de Bayeux, de son Eminence le cardinal Touchet, évêque d'Orléans.

« Il y avait à Soliers, ma paroisse natale, un maire du nom de Jean Delille qui avait blanchi à cultiver sa ferme. Une année, il se rendit en pèlerinage à la Délivrande. Le dimanche suivant, au cabaret, il fut entrepris par quelques espiègles :

« Mait' Jean, est-ce que la bonn' Vierge est toujours là-bas ?

Comme un ressort se détend, le vieil homme se leva ; et posant ses deux poings lourds sur la table de bois blanc où verres et tasses à café avaient marqué leurs traces, il dit :

— « Oui, je sieus allai à la Délivrande, dimanche dernier. Lé femmes, la maîtresse, ma fille, ma bru en avée envie. J'é attelai la Blanche à la carriole. J'sommes partis de bon matin. Ez ont fait la communion à eune messe. Mai, pendant c'temps-là, j'resti derrièr' l'béniquier, et j'dis : Bonne Mèr' je ne sieus pas digne de m'approchi d'vous : j'é trop offensai l'Bon Dieu. Et pieus, c'te chapelle m'impressionne aveuc tout son mobilier d'béquilles qu'est d'dans. Mais, écoutez mé femmes, et faite ce qu'ai vos demandront por leurs effants, leurs hommes, les récoltes, les amis, tous les siens de Soliers, et por mai. Elles vont vos d'mander que je me confesse : c'est pas l'besoin qui manque ; ça viendra, Bonne Mèr', je n'sieus pas cor à point. J'ferés d'la mauvaise ouvrage. Pardonné-mai ; gardé mai ; et tous nos gens itou. Je me fie à vous. V'là ce que j'é fait ; v'là ce que j'é dit. Garçons, est-ce bien ? Est-ce ma ? J'vos écoute.

« Et la casquette en arrière, il se rassit... salué d'un ban.

« Cette harangue, recueillie trente fois sur les lèvres de mon père, qui l'avait entendue, n'est pas du Bossuet : elle n'est pas même du français, elle est du patois de la plaine de Caen, que je ne suis pas fâché d'avoir cité en ce temps de reviviscence et de glorification des dialectes paysans ; d'autant qu'il y passe, je trouve, un souffle salubre, une verdeur de bon sens, de passion, de fierté, de foi, qui eût probablement charmé l'Evêque de Meaux : c'est de l'éloquence à mon gré.

« Les « garçons » de Soliers applaudirent. Soyez certains que d'Honfleur à Isigny, de Falaise à Vire, il ne se serait pas trouvé beaucoup d'auberges où le fruste orateur n'eût remporté un égal succès » (1).

Ce qui le prouve bien et corrobore admirablement le témoignage de l'illustre cardinal, c'est, d'une part, l'enthousiasme des foules à revenir chaque année fêter l'anniversaire du couronnement, et c'est, d'autre part, le nombre toujours grandissant des pèlerinages et l'empressement pieux des évêques à venir se consacrer, eux et leurs diocèses, à Notre-Dame de la Délivrande.

Je citerai pour la période qui nous occupe, Mgr Véroles, évêque de Colomby (Mandchourie) ; Mgr de Marguerie, ancien évêque d'Autun, qui vint à la Délivrande fêter ses noces d'or sacerdotales, le 1er août 1875 ; Mgr Lecoq, évêque de Luçon, qui conduisit en pèlerinage à la Délivrande, le 13 septembre 1876, deux cent cinquante prêtres et plus de six cents laïques de son diocèse ; à l'issue de ce pèlerinage, Mgr Lecoq offrit en *ex-voto*, au nom de son diocèse, une magnifique chapelle en vermeil, œuvre de M. Poussielgue ; Mgr Thomine-Desmazure, vicaire apostolique du Thibet ; Mgr Germain, évêque de Coutances ; Mgr Ducellier, évêque de Bayonne, puis archevêque de Besançon. Tous ces évêques étaient originaires du diocèse de Bayeux, et cela explique en partie leur dévotion filiale à Notre-Dame de la Délivrande. Mais d'autres évêques y vinrent aussi, qui ne connaissaient

(1) *Discours du Cinquantenaire.*

notre bonne Mère que par l'éclat de ses bienfaits :
Mgr Guilmin, préfet apostolique de Canton ; Mgr
Bourdon, préfet apostolique de la Birmanie ; Mgr
Clut, vicaire apostolique d'Athabaska-Mackenzie ;
N.N. S.S. les évêques de Nancy, d'Avignon, de
Gap, de Basse-Terre, de Montpellier, d'Aix ; Mgr
d'Oultremont, évêque du Mans, qui vint en pèle-
rinage avec 1.400 de ses diocésains ; Mgr de Séez,
qui conduit d'abord un pèlerinage diocésain, puis
envoie les élèves de l'Institution Sainte-Marie de
Tinchebray ; Mgr de Cyresme, président des
Conférences de Saint-Vincent-de-Paul, qui réunit
à la Délivrande les membres des Conférences de
Bayeux, de Coutances et de Séez. Et je n'aurai
garde d'omettre Nosseigneurs les Archevêques de
Rouen qui, à toutes les époques, ont toujours saisi
avec empressement l'occasion de venir honorer
Notre-Dame de la Délivrande.

Le 9 novembre 1886, celui qui avait présidé à la
reconstruction et à l'achèvement de la Chapelle,
celui qui avait mené à bien l'œuvre du couronnement et attiré de tous les coins de la France et du
monde tant et de si illustres pèlerins aux pieds de
la Très Sainte Vierge, le T. R. P. Picot mourait
après de dures et longues souffrances, à l'ombre
de la Chapelle qu'il avait élevée, au milieu de sa
communauté qu'il avait développée et surnaturel-
lement enrichie par ses exemples, ses leçons et ses
vertus. Il allait recevoir de la Vierge qu'il avait
tant aimée et si bien servie, la récompense que par-

dessus tout ambitionne un fils : être admis auprès de sa Mère pour toujours.

Sa vie avait été d'une beauté et d'une fécondité merveilleuses. Le cardinal Touchet rendait hommage à ses talents oratoires dans le *Discours du Cinquantenaire* que j'ai cité, quand il l'appelait « l'un des plus beaux prédicateurs qui se pût écouter ». Mais ce qu'il faut savoir, c'est que son humilité et son abnégation l'emportaient encore sur la puissance de sa parole, la splendeur et la vivacité de son imagination, la profondeur de son intelligence, l'étendue de sa science et tous les dons naturels dont Dieu s'était plu à le combler. Grâce à ces dons, il aurait pu prendre rang parmi les plus célèbres orateurs de la chaire, cela même était commencé, cela était assuré, mais il sacrifia tout ce bel avenir au modeste devoir que lui offrit son supérieur : réorganiser l'enseignement secondaire au petit séminaire de Villiers. Elu supérieur des missionnaires à son tour, il aurait pu, après le triomphe inoubliable qu'il avait ménagé à la Sainte Vierge lors du couronnement, s'élever aux premières dignités dans l'Eglise de France, cela lui fut proposé, cela semblait juste et nécessaire : il préféra demeurer au poste plus modeste où l'avaient appelé la confiance filiale de ses confrères et l'estime profonde de son Evêque. Il voulut n'être que le missionnaire de Notre-Dame de la Délivrande, mais il le fut pleinement, avec un dévouement infatigable et un rare bonheur.

Aussi laissa-t-il la Délivrande en état prospère. Il restait à son successeur, le T. R. P. Lemonnier, de la maintenir en cet état, d'améliorer encore sa situation, puisqu'ici-bas le parfait n'est jamais atteint, en un mot, de faire fleurir et fructifier les semences de choix qu'avaient jetées ses prédécesseurs dans le sol béni de la Délivrande. Nul plus que le T. R. P. Lemonnier n'était désigné pour cette tâche. Si, en effet, c'est la volonté qui crée et l'intelligence qui organise, c'est la bonté qui par le doux rayonnement de sa chaleur, amène toutes choses à maturité. Le T. R. P. Lemonnier était la bonté personnifiée. Intelligent, certes, versé dans les littératures grecque, latine et française, artiste aussi et d'un goût sûr, homme de devoir et de sacrifice, religieux modèle, mais surtout bon. C'était le bon P. Lemonnier, ainsi l'appelait-t-on dans la Délivrande et dans tout le diocèse.

Un de ses premiers soucis, fut la création d'une Maîtrise afin d'assurer à Notre-Dame une cour de jeunes pages sérieux, distingués et pieux. « Cette gracieuse institution, dit l'historien des Missionnaires de la Délivrande (1), lui demanda de lourds sacrifices, mais, en retour, combien ces enfants bien formés donnèrent-ils d'édification à la Chapelle, et, comme ils faisaient en même temps, dans la maison, leurs premières études ecclésiastiques, assurés d'avance de pouvoir les continuer et les

(1) *Hist. des Miss.* p. 195.

terminer dans les séminaires du diocèse, combien ils ont procuré de prêtres aux missions, à l'enseignement et au ministère paroissial, sans compter des organistes singulièrement utiles à nos églises, petites et grandes ».

En même temps que le T. R. P. Lemonnier s'occupait de la Maîtrise, un de ses missionnaires dont il me faut taire l'éloge parce que, Dieu merci, il est encore vivant, le R. P. Granger, organisait le premier dans le diocèse et d'un des premiers en France, le culte du Sacré-Cœur. Sous son souffle ardent les âmes s'échauffaient. Des groupes d'adorateurs et d'adoratrices se constituaient. Tous les premiers vendredis du mois, on voyait avec une édification profonde la longue file des communiants, « puis, à partir de la messe de 9 heures jusqu'au soir, les groupes d'adoratrices se succédaient d'heure en heure. La journée se terminait par une adoration réservée aux hommes, toujours nombreux et pieusement édifiants. Chaque année, la fête du Sacré-Cœur se célébrait solennellement, avec adoration nocturne, le vendredi après l'octave du Saint-Sacrement, c'est-à-dire au jour même fixé par Notre-Seigneur à sainte Marguerite-Marie. Tous les deux ans, une retraite était donnée aux adorateurs et aux adoratrices du Sacré-Cœur » (1).

Le R. P. Granger ne put continuer jusqu'au bout la tâche qu'il avait assumée, l'obéissance

____

(1) *Hist. des Miss.*, p. 196.

l'appela à d'autres fonctions, mais l'œuvre qu'il avait fondée et animée de sa ferveur fut poursuivie avec un égal succès, par un de ses confrères qui, vivant lui aussi, ne me permettrait pas de dire tout le bien que je sais de lui.

Cette dévotion au Sacré-Cœur ne nuisait en rien au culte traditionnel de Notre-Dame, au contraire : on acclamait d'autant plus volontiers la Mère que l'on avait mieux compris, plus intimement senti et goûté la grandeur divine et l'infinie bonté du Fils adorable qu'Elle nous avait donné. N'est-ce pas, d'ailleurs, le rôle de la Très Sainte Vierge de nous conduire à Jésus et, par contre, n'est-ce pas le désir formel du cœur de Jésus que nous nous adressions à sa Mère pour aller à Lui ?

Aussi avec quel enthousiasme, qui semblait grandir chaque année, était célébrée la grande fête de l'anniversaire du couronnement ! Rien n'était trop beau, rien n'était trop difficile ou trop cher pour cette journée-là. Prêtres et fidèles accouraient de toutes les parties du diocèse et faisaient un magnifique et imposant cortège d'honneur à Notre-Dame. Mgr Hugonin et ses successeurs tinrent à présider eux-mêmes ces anniversaires.

Deux eurent un éclat particulier et, tant par le nombre des pèlerins que par l'ampleur et la beauté des cérémonies, rappelèrent les magnificences du Couronnement.

Le premier eut lieu le 22 août 1895. Il eut pour objet la consécration de la Chapelle et son érection en Basilique mineure.

Mgr Hugonin avait sollicité du Souverain Pontife Léon XIII ce titre de Basilique pour Notre-Dame de la Délivrande à cause de l'amour fervent qu'il nourissait à son endroit, en reconnaissance de toutes les grâces qu'il avait reçues de la Sainte Vierge dans ce temple, à cause enfin de l'antiquité de ce temple et de toute la piété et de toute la lumière et de toutes les grâces qui en avaient rayonné comme d'un foyer privilégié.

Que ce privilège de grâce, de grandeur, de noblesse, de beauté, fût reconnu et proclamé, c'était justice, ce n'était que justice. La Chapelle de la Délivrande n'était-elle pas la demeure royale élue entre toutes par Notre-Dame ? Elle devait donc porter ce titre de demeure royale, de Basilique qui l'éleverait au-dessus des autres temples.

La supplique de Mgr Hugonin fut appuyée par Mgr l'Archevêque de Rouen, alors Mgr Sourieu, et par deux évêques originaires du diocèse et tous les deux pleins d'affection pour Notre-Dame de la Délivrande, Mgr Touchet, évêque d'Orléans, et Mgr Germain, évêque de Coutances. Elle fut présentée au Souverain Pontife par un enfant du diocèse de Bayeux, son Excellence le duc de Galèse, si dévoué toujours pour les Missionnaires de la Délivrande et le clergé de Bayeux.

« Quelques jours après, la Congrégation des Rites signait le décret, objet de tous nos vœux, et, le lundi 25 juillet, son Excellence le duc de Galèse, venu de Rome avec le précieux trésor, le remettait au supérieur des missionnaires comme un trophée » (1).

Quelques semaines plus tard, le 22 août, anniversaire du couronnement, Mgr l'Archevêque de Rouen procédait à la consécration de la nouvelle Basilique, assisté de NN. SS. Trégaro, évêque de Séez, et Germain, évêque de Coutances, qui consacraient les autels de St-Joseph et de Ste-Anne, Mgr Hugonin, trop fatigué pour s'associer activement à ces consécrations, s'était réservé seulement de dire la sainte Messe qui les suivit.

L'après-midi après un magnifique discours du célèbre P. Monsabré, le grand orateur dominicain, s'organisa la procession commémorative du couronnement. Une foule immense suivait les évêques et les Révérendissimes Pères Abbés de Ligupé, de la Grande Trappe et de Notre-Dame de Bricquebec. Les musiques des petits séminaires de Vire, de Villiers et de Lisieux prêtaient leur concours et tantôt accompagnaient les cantiques ou les hymnes liturgiques, tantôt jouaient des marches religieuses.

La cérémonie fut si belle qu'il semblait qu'on ne devait pas en revoir de longtemps d'aussi brillamment réussie. Pourtant, deux ans plus tard, elle se répétait avec plus d'éclat encore à l'occasion des Noces d'Argent du couronnement. Un directeur du grand séminaire de Bayeux, M. Durand,

____

(1) *Hist. des Miss.*, p. 198.

Ancienne niche

avait sollicité et obtenu du vénérable Chapitre de
Sainte-Marie-Majeure, la première et la plus illustre
des Eglises de la Sainte Vierge à Rome, la Sacro-
sainte Patriarchale Basilique Libérienne, qu'usant
d'un droit qu'il tient du Souverain Pontife, il
incorporât à cette Basilique Notre-Dame de la Délivrande et lui communiquât tous ses privilèges.
Désormais quiconque visiterait Notre-Dame de la
Délivrande gagnerait les mêmes indulgences, aurait
droit aux mêmes faveurs spirituelles que s'il visitait
à Rome Sainte-Marie-Majeure.

En reconnaissance de cette affiliation qui élevait
Notre-Dame de la Délivrande au-dessus de toutes
les autres Basiliques mineures et la faisait participer à la dignité des Basiliques majeures qui,
comme on le sait, ne se trouvent qu'à Rome et en
Italie, le T. R. P. Lemonnier offrit au vénérable
Chapitre de Sainte-Marie-Majeure de remplacer la
porte de bois sculpté qui protège une des plus
précieuses reliques qui soient en cette Eglise et au
monde : la crèche où reposa l'Enfant Jésus. Cette
offre fut acceptée et le travail exécuté par les plus
habiles artistes de Rome. Les pèlerins du diocèse
qui ont le bonheur de visiter Rome et de faire
leurs dévotions à Sainte-Marie-Majeure, peuvent
admirer ce témoignage de la piété si large et si
généreuse du T. R. P. Lemonnier.

Sous l'autel de la Confession, ils verront une
porte en bronze doré, reproduction fidèle et très
artistique de l'ancienne porte en bois sculpté. Seu-

lement sur les cartouches qui décorent les deux panneaux de cette porte, ils verront les armes de Notre-Dame de la Délivrande, et cette inscription : *Ex dono Beatæ Mariæ Liberatricis Bajocensis* (1). C'est le présent de la fille à sa mère.

Or, la proclamation de cette union intime, de cette incorporation de Notre-Dame de la Délivrande à Sainte-Marie-Majeure coïncida avec les Noces d'Argent du Couronnement. Elle leur donna un lustre tout particulier.

Comme il convenait à pareil jour, on s'attacha à reproduire de point à point ce qui s'était fait vingt-cinq ans plus tôt.

La Basilique s'ouvrit à la piété des fidèles dès la veille au soir. Elle resta ouverte toute la nuit, bourdonnante de prières et de chants pieux. A minuit commencèrent les messes qui se poursuivirent jusque vers le milieu de la matinée.

A cause de la foule innombrable des pèlerins, il était impossible de célébrer la grand'messe dans la Basilique, — cela, d'ailleurs, ne s'était pas fait au couronnement.

Les missionnaires avaient donc dressé sur la place une immense et splendide estrade où vint se placer, comme une reine sur son trône au milieu de ses loyaux et fidèles sujets, une statue de Notre-Dame. La messe solennelle fut célébrée par Mgr Le Roy, supérieur général de la Congrégation du

____

(1) *Don* de Notre-Dame de la Délivrande de Bayeux.

Saint-Esprit. Les musiques des trois séminaires diocésains étaient revenues comme deux ans auparavant et leurs mélodies savantes alternaient avec les graves et sévères chants liturgiques.

Après l'Evangile, un orateur puissant dont la voix sonore dominait les milles bruits de la foule et parvenait sans peine jusqu'aux confins de la place, le R. P. Roland, prieur des Dominicains du Hâvre, dit quelle était le pouvoir de la Sainte Vierge et combien les catholiques avaient raison de recourir à Elle dans tous leurs besoins.

Puis, ce fut le renouvellement si touchant de la cérémonie du couronnement et les prières pour les morts, pour l'Eglise, pour le Souverain Pontife, pour les Evêques, pour la France. Moment solennel, instants d'émotion trop vive où l'on regrette d'être encore sur la terre, où tout le cœur se fond de tendresse, de désir, d'amour ! O Bonne Mère, que vous êtes douce, et puissante, et miséricordieuse, et belle ! O Libératrice, une fois encore, méritez votre nom, délivrez-nous, délivrez-nous tous des liens de chairs qui nous empêchent de vous voir, d'être avec vous, d'être à vous, toujours !

L'après-midi, on eut une grosse émotion. Comme au jour du couronnement le ciel avait été maussade toute la matinée. Au moment où les foules attentives et recueillies attendaient, massées sur la grande place et remplissant les rues du bourg et les routes de Caen et de Douvres, que la procession s'ébranlât, une averse terrible tomba. Malgré tout, on donna le signal du départ et, coïncidence frappante, qui devait se renouveler aux fêtes du Cinquantenaire, à peine la Statue vénérée, portée par les missionnaires, eut-elle atteint le seuil de la Basilique que la pluie cessa comme par miracle ; les nuages s'enfuirent en désordre hâtivement et laissèrent toute la place au radieux soleil, qui brilla jusqu'à la fin de l'émouvante cérémonie.

L. T. R. P. Lemonnier ne se contentait pas d'honorer et de faire aimer Notre-Dame de la Délivrande dans son antique sanctuaire, il la faisait aimer au delà de la France et de l'Europe, dans toutes les contrées où ses largesses aidaient les missionnaires à remplir leur laborieux apostolat. Grâce à sa générosité des chapelles de Notre-Dame de la Délivrande s'élevaient un peu partout, au Sénégal avec N.N. S.S. Picorda et Barthez, au Liban avec Mgr Geraidjyry, dans l'Afrique Orientale avec Mgr de Courmont, en Algérie avec les Pères Blancs du cardinal Lavigerie, au Japon et chez les Esquimaux avec deux missionnaires, originaires du diocèse de Bayeux, les RR. PP. Dalibert trapiste, et Turquetil, oblat de Marie-Immaculée.

Enfin, le T. R. P. Lemonnier mettait en quelque sorte le sceau à la glorification de Notre-Dame de la Délivrande en obtenant qu'un office propre en son honneur fut concédé au diocèse de Bayeux et célébré le 1er dimanche après l'octave de l'Assomption sous le rite double de deuxième classe.

Cette nouvelle et dernière faveur est de 1899.

Le T. R. P. Lemonnier et les missionnaires avaient bien mérité de Notre-Dame de la Délivrande et du diocèse.

Cinq ans plus tard, le 22 juillet 1904, en vertu de la loi contre les Congrégations religieuses, on les obligeait à quitter la Basilique de la Délivrande où Mgr Amette, successeur de Mgr Hugonin, les remplaçait incontinent par M. le chanoine Lelièvre et quatre autres prêtres du clergé séculier.

CHAPITRE VII

1902-1922

Victimes de lois injustes « les antiques et vénérés gardiens de ce sanctuaire avaient dû abandonner, avec quelles larmes, avec quelle mort dans l'âme, la charge qu'ils remplissaient depuis quasi cent ans » (1).

Or, il ne fallait pas que le culte de Notre-Dame souffrît de cet exode. Monseigneur Amette y avait déjà pourvu en désignant M. l'abbé Lelièvre, aumônier du Bon-Sauveur de Caen, chanoine honoraire de Bayeux, comme Supérieur du Pèlerinage de la Délivrande et en lui adjoignant quatre prêtres du clergé séculier. Ces nouveaux chapelains se trouvèrent prêts à entrer en fonctions aussitôt que le dernier des missionnaires eut quitté la Délivrande.

Tout de suite, ils se firent un devoir de suivre les traditions laissées par leurs devanciers, et l'on doit reconnaître qu'à force de zèle, d'intelligence, de piété et de dévouement, ils réussirent très vite

(1) *Discours du Cinquantenaire,* p. 7.

à conquérir l'estime et la reconnaissance des fidèles amis de Notre-Dame.

Comme par le passé, les pèlerins accoururent en foule, soit isolément, soit en groupe. Toujours ils trouvèrent un accueil aimable, empressé, de belles cérémonies, les pieux exercices accoutumés.

Cependant, la persécution religieuse battait son plein. Après les Congrégations, voici que le clergé séculier, lui-même, était mis sur la sellette.

Le gouvernement dénonçait le Concordat et faisait voter la loi de Séparation.

En ce qui concerne la Délivrande, le résultat le plus immédiat de cette loi, fut la main-mise de l'Etat sur la Maison des Chapelains. Sans attendre d'être expulsés, ils s'étaient mis à la recherche d'un nouvel asile. Cet asile fut trouvé après de laborieuses recherches, et, contre vents et marée, le pèlerinage de la Délivrande vécut.

Ces traverses et la persécution que l'on pouvait craindre, n'abattirent pas plus le courage des nouveaux chapelains qu'elles n'avaient autrefois désemparé leurs devanciers. La Délivrande est, au point de vue surnaturel, un sommet : ne sait-on pas que les sommets attirent la foudre ? Mais aussi, c'est sur leur cime que se pose d'abord la lumière et c'est là que se forment et se rassemblent les eaux nourricières qui vont féconder la plaine.

M. Lelièvre et ses confrères le comprirent admirablement. Loin d'être effrayés et découragés par la persécution, ils y puisèrent un regain de zèle et formèrent le dessein d'étendre en l'affermissant l'œuvre dont ils étaient chargés.

Pour ce faire, ils fondèrent une petite revue, *les Annales de Notre-Dame de la Délivrande,* dont le premier numéro parut au mois d'avril 1906.

Quelques jours auparavant, le 29 mars 1906, Mgr Amette, préconisé archevêque de Sida et nommé coadjuteur de Paris, était venu dire adieu à Notre-Dame de la Délivrande. Sa Grandeur pria longuement au sanctuaire vénéré et « semblait, en vérité, ne pouvoir s'en arracher » (1).

Et les pèlerins venaient toujours, plus nombreux, plus dévoués, plus chargés d'instantes prières,, devant les coups qui déchiraient leurs cœurs fidèles en tombant sur la sainte Eglise de Dieu.

L'un des chapelains, M. J. de Cornière, signalait dans le premier numéro des *Annales,* l' « héroisme » de cette vaillante femme de 79 ans, qu'en plein frimas du mois de mars, « il voyait arriver sur le matin, ayant marché ses sept lieues dans la nuit, et qui, ses fatigues une fois reposées aux pieds de la Statue bénie, s'en retournait chez elle comme elle était venue — à pied ».

« Le fait, ajoutait-il, n'est pas si rare qu'on

______

(1) *Annales de N.-D.* mai 1906.

pourrait le croire ; nous avons à la Délivrande la consolation de le voir se renouveler de temps à autre » (1).

Les paroisses accouraient, elles aussi, aux dates accoutumées de mai, juin et août, organisant des processions nombreuses et ferventes. Pour le seul mois d'août, les *Annales* signalaient 427 messes célébrées dans la Basilique et des « infatigables défilés de pénitents » aux confessionnaux (2). Or, ce n'était pas le mois le plus chargé, car c'est en mai et juin que les pèlerinages sont les plus nombreux.

Le samedi 11 août 1906, le nouvel évêque de Bayeux, Monseigneur Lemonnier, faisait son entrée solennelle dans le diocèse et venait d'abord, comme le veut la pieuse et vénérable tradition, mettre son épiscopat sous la protection de Notre-Dame de la Délivrande. On lui avait ménagé une entrée vraiment triomphale : à l'entrée de la bourgade splendidement décorée, M. le Doyen et M. le Maire de Douvres saluèrent avec émotion Sa Grandeur, qui répondit avec grâce et bonté. Puis à la Basilique, M. Lelièvre, supérieur des Chapelains, rendit ses devoirs à Mgr Lemonnier, et notamment, traça de lui ce portrait, emprunté à Mgr Desprez, archevêque de Toulouse : « Tour à tour courageux comme un athlète et doux comme une mère ; majes-

(1) *Annales de N.-D.* Avril 1906, p. 10-11.
(2) *Annales de N.-D.* sept. 1906.

tueux comme un patricien, mais humble et fervent comme un cénobite ; c'est-à-dire bon par nature, inébranlable par devoir ». On ne pouvait trouver ressemblance plus frappante ni plus prophétiquement juste.

Quelques jours plus tard, Monseigneur Lemonnier revenait à la Délivrande célébrer les fêtes anniversaires du couronnement, et devant l'Image vénérée de Notre-Dame, devant les prêtres accourus au pieux rendez-vous, proclamait son adhésion plénière à la condamnation solennelle portée par le saint Pape Pie X contre l'odieuse loi de Séparation.

« Je jure de toute mon âme, disait Sa Grandeur, de respecter fidèlement et d'observer avec un cœur filialement dévoué toutes les prescriptions du Saint Père. Tous les prêtres de ce beau et bon Diocèse ne font avec Nous qu'un cœur et qu'une volonté pour la défense des droits sacrés de l'Eglise dans l'obéissance affectueuse aux moindres prescriptions de N. S. Père le Pape » (1).

De tout cœur, les fidèles du diocèse de Bayeux et, en particulier, les pieux habitants de la Délivrande, s'unissaient à leur vaillant Evêque et communiaient à ses sentiments. Avec quelle ardeur ils priaient la Sainte Vierge, non seulement pour eux et les leurs, mais pour l'Eglise de France !

Tant de foi méritait récompense. Les *Annales*

---

(1) *Annales de N.-D.* sept. 1906.

ont enregistré un certain nombre de faits où il faut bien reconnaître l'intervention surnaturelle de la Bonne Mère. Et certes, ils n'ont pas tout publié, ils n'ont même pas tout su.

Comme le disait un jour, avec un peu de mélancolique ironie, le T. R. P. Lemonnier : « Le miracle et ses quelques témoins prennent volontiers le train du départ sans venir chez les missionnaires pour le faire constater ». « Seulement, ajoute Mme Y. d'Isné, qui rapporte ce propos, seulement, de temps à autre, se balance au piédestal de la statue bénie, un petit carré de canevas sur lequel une main novice a naïvement exprimé sa joyeuse reconnaissance » (1).

Cependant, quelques faits ont été connus et publiés. J'en rapporterai quelques-uns, cueillis dans les *Annales de Notre-Dame*.

C'est au mois de mai 1906, une jeune fille qui écrit au Supérieur des Chapelains :

« Notre Bonne Mère du Ciel a exaucé ma prière d'une façon inespérée !... Deux fois déjà, à l'heure où tout semblait perdu, à l'heure où les médecins avaient tour à tour abandonné nos malades, c'est à Marie que j'ai eu recours. Et Elle a voulu, cette bonne Mère, faire deux miracles, miracles si frappants que les médecins renonçaient à y croire le matin, quand la veille, ils déclaraient que leurs malades n'allaient pas passer la nuit ». De plus,

(1) Article des *Annales de N.-D.* oct. 1907.

la pieuse jeune fille signalait « ce succès d'affaires temporelles, réussissant d'une façon inespérée ».

Au mois d'octobre suivant, c'était la guérison subite et prodigieuse d'une jeune femme de 35 ans, Marie Michel. Marie Michel avait, à la suite d'une méningite, été atteinte d'une déformation de la jambe droite qui ne lui permettait de marcher qu'avec des béquilles et au prix d'horribles souffrances. Tout traitement paraissait inutile. La pauvre femme s'adressa à la Sainte Vierge et promit de venir à pied de chez elle à la Délivrande si elle guérissait. Son mari, plein de foi comme elle, économisa sur « son pain sec » les honoraires d'une messe qu'il fit dire à M. le Curé de Surrain, alors l'abbé Lemarquis. Ils habitaient il est vrai Mandeville, mais l'église de Surrain était plus près que celle de Mandeville. Ils vinrent donc assister à cette messe le 17 octobre. Marie Michel qui avait atrocement souffert le long du chemin, souffrit plus encore une fois arrivée à l'église. Les douleurs devinrent tellement intolérables qu'à l'offertoire elle dut sortir et se reposer dans le cimetière sur une pierre tombale. Tout à coup, comme M. l'abbé Lemarquis terminait la consécration du vin, Marie Michel sentit que sa jambe malade se remuait d'elle-même, qu'elle reprenait sa position normale, qu'elle était guérie. Elle rentra, s'approcha de la Sainte Table, et, sous les yeux étonnés de M. le Curé, se mit à genoux pour recevoir la Sainte

Communion. Le 27 octobre suivant, avec son mari et son enfant, elle entreprenait à pied la route de Mandeville à la Délivrande, quarante et un kilomètres (1).

Le lundi 21 novembre 1906, une pauvre femme, en habits de deuil, nu-pieds, arrivait à la Basilique et se prosternait pleurante devant la Statue vénérée. La Vierge avait permis qu'à sa prière et selon ses vœux, le corps de son mari péri en mer fut rejeté par les flots sur la grève. La veille elle lui avait assuré une sépulture chrétienne (2).

Au mois d'avril 1907, un petit garçon de 9 mois et une petite fille de 9 ans, sont instantanément guéris, le premier d'une broncho-pneumonie, la seconde d'une grippe infectieuse compliquée d'angine, et ce, après que les médecins avaient déclaré que tout espoir était perdu (3).

Le 21 septembre 1907, Monseigneur Villars, évêque d'Autun, venait remercier la Sainte Madone de la Délivrande qui avait miraculeusement guéri un de ses prêtres (4).

En mai 1909, le chroniqueur des *Annales de N.-D.*, M. A. Fréville, mort depuis curé-doyen d'Harcourt, racontait deux faits bien touchants. Un pauvre homme des environs s'arrachait au chevet de sa femme expirante et venait supplier la

(1) *Annales de N.-D.* nov. 1906.
(2) *Annales de N.-D.* déc. 1906.
(3) *Annales de N.-D.* juin 1907.
(4) *Annales de N.-D.* octobre 1908.

Sainte Vierge de la lui laisser, de la guérir. Sa prière terminée, il rentrait chez lui et trouvait qu'un mieux sensible s'était, contre toute prévision, manifesté. Quelques jours après, la femme était guérie.

Quelques jours plus tard, un jeune ménage était dans l'angoisse : l'enfant chéri, le premier-né allait mourir. Les parents promirent à la Sainte Vierge s'il guérissait de venir à pied tous les deux à la Délivrande et d'y apporter leur enfant, le tenant dans leurs bras chacun à tour de rôle. Et l'enfant étant sauvé, ils parcouraient, à pied, et portant comme ils l'avaient promis, leur enfant, les 13 kilomètres qui les séparaient de la Basilique.

Est-ce qu'on a jamais, même aux plus beaux âges chrétiens, trouvé plus de foi robuste et naïve, de cette foi qui transporte les montagnes et fait violence au Ciel ?

Témoin encore cette pauvre mère qui, au mois de juin 1910, confessait à M. Fréville : « J'avais fait vœu, si mon enfant guérissait, de venir à la Délivrande au mois de mai, à pied, de ne manger que du pain sec à l'aller et au retour, et de me priver de boisson durant le pèlerinage. L'enfant guérit, mais au mois de mai suivant, j'attendais un bébé. Cinq années de suite, j'ai eu le même empêchement. Enfin, cette année, j'ai pu tenir ma promesse ».

Et, comme il faisait très chaud et qu'elle venait de faire 28 kilomètres, elle confessait : « La grande souffrance de mon pèlerinage a été, par ce soleil, de ne pouvoir prendre un peu d'eau. Le retour, va-être bien plus dur, mais j'aurai mon morceau de pain. Et puis, j'offrirai cela pour la conversion de mon mari, qui est bon mari, mais ne pratique pas » (1).

Enfin, car il faut se borner, je terminerai par ce trait rapporté dans les *Annales de Notre-Dame* de mai 1911, et qui montre combien est justifié le titre de Libératrice donné par la piété reconnaissante des fidèles à notre Reine.

Un homme — le chroniqueur tait son nom et les détails qui le pourraient déceler — un homme était accusé d'un crime qu'il n'avait pas commis. Mis en prison, il voyait s'accumuler contre lui des charges accablantes. Personne n'osait s'intéresser à lui et prendre sa défense. Sa femme eut l'heureuse inspiration de s'adresser à Notre-Dame de la Délivrande, et le jour des assises, comme par miracle, l'innocence de l'accusé éclatait à tous les yeux. Il était relaxé et venait peu après avec sa femme, nu-pieds, remercier la Sainte Vierge en son sanctuaire et commander un bel ex-voto.

Or, pendant que ces choses se passaient, un orage épouvantable s'amoncelait à l'Orient de

______

(1) D'après les *Annales de N.-D.* juillet 1910.

l'Europe. Comme on voit, à l'approche des grands cyclones, s'affoler le baromètre qui indique des dépressions anormales, la Bourse était à la baisse sur toutes les places du monde et pendant deux ans la cote s'affaissait chaque jour un peu plus. Et tout à coup, ce fut la guerre, la guerre, le grand fléau de Dieu, le vengeur puissant de ses droits méconnus, le châtiment inexorable des peuples coupables.

Ceux qui ont vécu les jours tragiques de la fin de juillet et du début d'août 1914, savent quelle angoisse étreignit brutalement tous les cœurs, quel émoi, quel étonnement épouvanté les saisit, puis bientôt quelle ardeur emporta nos soldats vers la rude bataille qui s'annonçait. Et puis soudain, après des journées d'attente et de fièvre, les douloureuses craintes des papas et des mamans demeurés au foyer, l'anxiété des femmes et des fiancées, le mortel besoin de savoir ressenti par quiconque avait un peu d'intelligence et de cœur.

Dans le malheur on a coutume de se tourner vers le bon Dieu, vers la bonne Vierge surtout. Du plus profond de l'âme jaillit le souvenir de leur infinie miséricorde et l'on tombe à genoux : Ayez pitié ! Pardonnez ! Sauvez-nous ! Sauvez nos enfants, nos époux, nos frères, sauvez la France !

C'est ainsi qu'aux tristes jours d'août 1914, nos églises et surtout les sanctuaires vénérés s'emplirent de foules implorantes.

Monseigneur l'Evêque de Bayeux avait, comme

Intérieur de la nouvelle Chapelle

tous les évêques de France, demandé des prières pour le succès de nos armes et le prompt retour à la paix ; mais en plus, il avait décidé que tous les jours un *Salut de Pénitence* serait donné à Notre-Dame de la Délivrande et à Notre-Dame de Grâce, et enfin, que « pendant la durée de la guerre, une Messe serait célébrée tous les jours, dans la Basilique de Notre-Dame de la Délivrande, à l'intention des soldats français et particulièrement de ceux qui étaient ses diocésains » (1).

Avec quel empressement on répondit à cet appel de l'Evêque au grand cœur, dont on savait que l'annonce de la guerre et de l'invasion allemande en Belgique et dans le Nord de la France, avait déchiré l'âme et mis la vie en danger, c'est ce qu'il est aisé de conclure de la très intéressante chronique que dans les *Annales* de novembre 1914, M. Fréville consacrait aux pèlerinages d'août, septembre et octobre. « A peine l'ordre de mobilisation fut-il proclamé et affiché, dit-il, que ce fut, tout aussitôt, du bourg de la Délivrande et des paroisses voisines, une ruée de toutes les alarmes, des prières et des espérances. Dès le lendemain, le diocèse et la province commençaient à amener l'affluence innombrable des pèlerins... Le mouvement n'a pas cessé de tout le trimestre.

« Combien de pèlerins sont venus ? Je ne serais pas exagéré en parlant de 90.000 à 100.000.

(1) *Semaine religieuse,* 9 août 1914.

« Combien de communions ont été faites ?
Environ 35.000.

« Combien de confessions avons-nous entendues ?
Je ne saurais le dire approximativement.

« Combien de conversions aurions-nous à enregistrer ? Elles seraient incalculables ».

Et M. Fréville signale que le nombre des pèlerins qui mêlent à leur pieux voyage les pratiques austères d'une pénitence héroïque, comme d'aller pieds nus, devient plus fréquent, presque ordinaire.

Il note aussi que les grandes solennités mariales du mois d'août qui mettaient en liesse le bourg de la Délivrande, l'Assomption de la Sainte Vierge, l'Anniversaire du Couronnement, avaient revêtu un caractère marqué de tristesse et de pénitence. Cela se comprenait d'ailleurs. La France était en lutte pour sa vie, l'Eglise en deuil du saint Pape Pie X, le diocèse de Bayeux angoissé par la maladie de son évêque, toujours entre la vie et la mort. Au lieu de chants de joie et de triomphales acclamations, ce furent d'ardentes et humbles supplications, des chants de pénitence, des cris d'espoir et des sanglots de douleur qui montèrent vers l'Image sainte de la Mère Universelle. On récita le chapelet les bras en croix, on chanta le *Parce Domine*, on pleura

Puis, des blessés arrivèrent dans les divers hôpitaux complémentaires et auxiliaires organisés à la Délivrande. La Basilique devint immédiatement leur église propre, l'église de leur choix. Ils y vinrent conter à leur bonne Mère toutes leurs fatigues et leurs souffrances, la remercier de les avoir sauvés de la mort, lui demander de les protéger encore et surtout de donner à la France la victoire. Ils y vinrent se refaire l'âme, renouveler leur provision de foi, de courage, d'espoir.

Et, malgré la difficulté du voyage et les vides creusés dans les familles, les paroisses venaient elles aussi, plus nombreuses que par le passé, en rangs plus pressés. Caen fournissait 3.000 pèlerins, dont plus de 2.000 avaient dû venir à pied. D'autres paroisses, comme Juaye-Mondaye, Ellon, Lingèvres, Bucéels, Chouain, Trungy, Nonant, Condé sur-Ifs, venaient pour la seconde fois dans la même année, ce qui était, je crois bien, inouï, dans les fastes du pèlerinage. Un irrésistible élan de foi, d'espérance en la Très Sainte Vierge, emportait toutes les foules vers la Basilique.

La fin de novembre fut marquée par un pèlerinage dont l'annonce réjouit tous les cœurs. Le 24 novembre, Mgr Lemonnier se jugea suffisamment rétabli pour venir remercier la Sainte Vierge, lui recommander ses chers diocésains mobilisés, en particulier ses prêtres et ses séminaristes soldats, la vitalité de ces œuvres, les besoins de la Patrie. Il visita les blessés hospitalisés à la Délivrande, qui gardèrent de son passage un inoubliable souvenir.

Fin février 1915, Sa Grandeur faisait savoir

à tous ses diocésains, que si quelque famille désirait qu'un de ses membres fût particulièrement recommandé à la Très Sainte Vierge pendant la messe qui chaque jour était par ses soins célébrée à la Délivrande, on écrivît à M. le Supérieur des Chapelains.

Immédiatement ce fut, de tous les points du diocèse, une avalanche de lettres qui s'abattit sur le bureau de M. le Supérieur et témoigna hautement combien on appréciait la délicate attention de l'Evêque et quelle confiance pieuse on mettait en Notre-Dame de la Délivrande.

On eut un peu plus tard, une nouvelle preuve et bien touchante de ce double sentiment. Monseigneur l'Evêque avait décidé que jusqu'à la fin de la guerre, l'Anniversaire du Couronnement ne serait plus célébré avec la pompe accoutumée, que la procession traditionnelle serait supprimée et qu'en la place on réciterait le rosaire en commentant chaque mystère. Hé bien, malgré la suppression de tout l'éclat qui attire ordinairement les foules, les fidèles répondirent avec tant d'empressement à l'appel de leur Evêque, que Sa Grandeur, elle-même, eut grand peine à pénétrer dans la Basilique tant elle regorgeait de monde (1).

Par ailleurs, il faut convenir que les pèlerinages paroissiaux diminuèrent sensiblement. Cela n'a rien qui doive étonner. Nombre de paroisses étaient pri-

______

(1) *Annales de N.-D.*, septembre 1915.

vées de leur curé, du fait de la mobilisation, et les curés demeurés à leur poste parce qu'ils étaient trop âgés ou malades, se trouvaient chargés des paroisses voisines. Comment songer dès lors à organiser des pèlerinages ?

Plus tard, il est vrai, les paroissiens apprirent, à l'exemple des « poilus » dans la tranchée, à se débrouiller tout seuls, et l'on vit venir à la Délivrande des paroisses entières avec croix et bannières, rangées en procession fort bien alignée, chantant les cantiques accoutumés, mais sans prêtre. Le curé était là-bas, à se battre ou à soigner les blessés. Il avait laissé, sans doute, à ses paroissiens un peu de son esprit de foi, de son amour de la Sainte Vierge, de son génie organisateur et l'on s'était inspiré de cet esprit tout naturellement.

En attendant, les pèlerins isolés affluèrent, quelques-uns dans des conditions vraiment touchantes. Vers le mois d'août 1915, on commença d'accorder aux soldats du front des permissions de six jours, dites permissions de détente. Or, savez-vous à quoi pensèrent d'abord nos braves gars de la pleine de Caen ? Ils pensèrent à la Bonne Vierge de la Délivrande, et sitôt leur permission annoncée, un bon nombre écrivirent à leur femme ou à leurs enfants pour les prier de retarder leur pèlerinage habituel jusqu'au jour où ils pourraient les rejoindre et s'en aller prier avec eux (1).

(1) *Annales de N.-D.*, août 1915.

Et quand ils étaient repartis au front, le lien de filiale piété qui les attachait à la Bonne Vierge n'était pas rompu. Soit eux, soit leurs familles, écrivaient au Supérieur des Chapelains et les recommandaient aux prières. Je lis dans un numéro des *Annales de Notre-Dame* (1) que pendant le seul mois de janvier 1916, on fit recommander « 3.000 soldats, 400 soldats prisonniers, 16 soldats malades, 15 soldats disparus ». Au mois de décembre de la même année, le nombre des soldats atteignait le chiffre respectable de 6.853, et ce chiffre s'enfla régulièrement de plusieurs centaines de mois en mois jusqu'à la fin. Cela dit plus éloquemment qu'aucun discours en quelle vénération les soldats et leurs familles tenaient Notre-Dame de la Délivrande.

Il est vrai de dire qu'en retour de cette confiante et pieuse vénération, la Bonne Mère ne ménageait ni ses faveurs, ni ses grâces. Que de pauvres soldats Elle a miraculeusement arrachés à l'enfer des batailles de Verdun, de la Somme, des Flandres, de l'Artois et d'ailleurs ! Que de blessés dont Elle a pansé invisiblement les plaies et qu'Elle a guéris ! Que d'âmes surtout Elle a purifiées ! En combien de cœurs Elle a versé de douces consolations, ramené l'espoir pacifiant, restauré le courage affaissé !

Des lettres innombrables apportaient au sanc-

(1) *Annales de N.-D.*, avril 1916.

tuaire vénéré l'écho de ces faveurs maternelles. De longues théories de pèlerins soldats, de familles entières pleurant de reconnaissance et de joie, en offraient aux yeux presque chaque jour la preuve saisissante. Enfin, des ex-voto de marbre, des croix de guerre, des croix d'honneur, des épées, que l'on voit aujourd'hui autour de la Statue miraculeuse, le long des murs ou dans le trésor de la Basilique, en perpétuent la mémoire.

Il est impossible de raconter présentement tous les faits venus à la connaissance des chapelains, d'abord parce qu'ils sont trop, ensuite parce qu'à part quelques détails, ils se ressemblent un peu, enfin parce que, trop souvent, les heureux privilégiés de la Sainte Vierge ont voulu garder un modeste anonymat. Je me contenterai donc de citer une curieuse et bien édifiante chronique de M. Fréville parue dans les *Annales de Notre-Dame*, au mois de mars 1917.

« On sait la conduite des pirates allemands. Ils détruisirent les navires paisibles, après en avoir expulsé les équipages, et lorsque ces derniers, livrés à la menace des flots sur de frêles esquifs, s'éloignent de leur bord, ils ont encore des obus contre cette faiblesse désarmée. Aussi nos marins redoutent-ils moins les assauts des tourbillons et des tempêtes que la rencontre de ces bandits.

« Or, fin février, une barque de Port-en-Bessin se livrait à son travail à onze milles de Courseulles. Tout à coup un sous-marin allemand émerge. L'un des hommes sait l'émotion de ce moment ; c'est la troisième fois qu'il l'éprouve. L'équipage n'a pas plutôt aperçu l'ennemi qu'un premier obus atteint la barque. Le patron commande vite à tout l'équipage de rejoindre le canot, et pendant qu'ils gagnent tous ce bord de fortune, 15 obus atteignent leur navire, qui finit par couler. Souvent ces matelots ont chanté leur cantique paroissial qu'ils portent d'ailleurs avec eux :

> Vierge sainte, aimable Marie,
> Doux réconfort des matelots,
> Daignez conserver notre vie
> Lorsque nous sommes sur les flots.

« Ce cantique redit :

> .....Combien de pèlerinages
> Les matelots à leur retour
> Vont faire devant votre Image
> Notre-Dame de Bon-Secours.

« Ils sont en péril de mort. Les Allemands tireront-ils sur eux comme ils l'ont fait tant de fois sur d'autres ? Tous les cœurs se tournent vers la Délivrande.

« Nous faisons vœu, n'est-ce pas, les gars, dit le patron, que si nous nous en tirons, nous allons en pèlerinage à Notre-Dame de la Délivrande ? » Tous promirent. Ils étaient torpillés à midi ; à 23 heures (1), après des efforts violents, ils abordaient à Courseulles.

« Et le dimanche suivant, 4 mars, les habitués de la Basilique virent à la messe de 9 heures tout un équipage dans les stalles du chœur. Mousse et patron et tous les hommes étaient là, et tout ce monde avait apporté son gros livre de messe, donnant ainsi un exemple de la façon dont un chrétien qui sait lire, doit suivre sa messe.

« Lorsque, la messe terminée, la foule se fut écoulée, — on reconnaît encore là un trait de l'âme du marin qui ne veut gêner personne, tout en se dévouant à tous, — l'équipage fit cercle autour du patron, devant la Statue vénérée et chanta son cantique et sa confiance :

> Quand la tempête nous chagrine
> D'abord nous recourons à vous.
> . . . .
> Ah ! que de matelots sur l'onde
> Ont imploré votre secours.
> . . . .
>
> Nous trouvons en vous un asile.
> Dans tous nos accidents divers
> Soit sur la mer ou dans les îles
> Tous vos Trésors nous sont ouverts.

(1) M. Fréville dit 11 h., mais il s'agit évidemment de 11 h. du soir, 23 h. comme on dit couramment aujourd'hui.

« La mâle énergie de ces voix si reconnaissantes, si confiantes, était d'une telle émotion que les larmes vinrent aux yeux des attardés aux pieds de la bonne Notre-Dame. Et leur édification fut à son comble lorsque les femmes, épouses ou sœurs de ces matelots, s'approchèrent du groupe, et qu'au nom de tous, — agenouillés — le patron lut un acte de consécration et de remerciement à la bonne Notre-Dame.

« Le lendemain, tous ces hommes reprenaient leur dur métier, sur une autre barque. Que N.-D. de Bon-Secours les protège !

« Le jeudi 29, un autre équipage de Port-en-Bessin, victime de la même rencontre, est venu, lui aussi, remercier la Sainte Vierge de sa Protection.

« Quelques jours après, c'était un autre spectacle, non moins impressionnant. Un des jeunes gens de Douvres — le caporal-clairon de la *Vaillante* (1) — venait assister à la Basilique, à la messe que le cher Monsieur le Doyen célébrait pour lui et sa famille. Ce jeune soldat envoyé en mission avec quelques camarades, avait été découvert par l'artillerie ennemie. C'était au jour naissant. Tous ses camarades trouvèrent la mort. Il promit un pèlerinage *nu-pieds* à Notre-Dame, à sa prochaine permission, s'il restait indemne. Toute la

(1) *La Vaillante* est une société de gymnastique formée et dirigée par M. l'abbé Bataille, chapelain de la Basilique.

journée il dut rester caché dans un trou d'obus entouré des obus qui pleuvaient. Le soir venu, une patrouille vint l'aider à rejoindre les lignes. La Vierge l'avait exaucé, il a tenu parole ».

Ces faits et d'autres semblables, racontés dans les tranchées par ceux qui en avaient été les heureux bénéficiaires, répandirent au loin le nom et le culte de Notre-Dame de la Délivrande. M. l'abbé Fréville le notait avec joie dans sa chronique du mois de juillet 1917. Des « visites ou des correspondances » arrivaient en foule, qui de la Bretagne, qui du Limousin, qui de l'Est, un peu de toutes les provinces enfin, demandant des prières, remerciant, promettant un *ex-voto* ou un pèlerinage d'action de grâces.

En vérité, le sanctuaire béni de Notre-Dame de la Délivrande remplissait bien son rôle séculaire de foyer rayonnant de force morale, d'espérance et de grâces. Il devenait non pas seulement pour le diocèse de Bayeux et la Normandie, mais pour la France entière, l'un des plus grands, des plus bienfaisants, des plus nécessaires « centres de ravitaillement » spirituel.

Un jour enfin, à force de courage, d'héroïsme, de prières et de pénitence, la justice divine se laissa fléchir. Surpris par le génie de Foch, de Mangin et de Gouraud, l'ennemi lâcha pied sur la Somme. En hâte, il voulut se replier. Trop tard ! électrisés par des chefs de guerre comme on n'en avait peu vu dans l'histoire, nos soldats se jetèrent sur lui avec une force si emportée et si habile à la fois, qu'il dut fuir en désordre. Ce fut la retraite et bientôt la déroute.

Enfin, le 11 novembre 1918, en la fête de l'un de nos saints de France les plus vénérés, Saint-Martin, l'armistice était conclu. L'aube de la paix se levait sur le monde.

Quelle explosion de joie dans la France entière et chez tous nos alliés ! On ne prit pas garde d'abord à ce que cet armistice avait de prématuré, à ce qu'il laissait en suspens de questions inquiétantes, à l'attitude suspecte de ceux qui le signaient à nos côtés. On ne vit qu'une chose : la fin de la guerre, la fin des massacres, le salut de ceux qui combattaient encore, la victoire aussi qui nous assurait le retour de deux provinces bien chères et nous promettait de justes dédommagements pour tous les maux endurés et tous les dommages subis. D'un si grand bonheur et si longtemps attendu et si ardemment désiré, on remercia Dieu et sa Sainte Mère par des *Te Deum* enthousiastes. La Basilique s'emplit dès le premier jour d'une foule ardente qui ne savait comment dire à la Sainte Vierge toute sa reconnaissance, qui priait, qui pleurait, qui chantait. Pendant toute cette fin d'année 1918 et les premiers mois de 1919, ce fut un défilé ininterrompu de pèlerins venant soit en groupes, soit isolément, rendre des actions de grâces à la Bonne Mère.

Cette année 1919, l'anniversaire du Couronnement retrouva son éclat accoutumé. Prêtres et pèlerins étaient accourus en foule à la voix de leur évêque. Ils firent un cortège triomphal à la statue de Notre-Dame, qui, pour la première fois depuis 1913, reparaissait dans les rues de la Délivrande.

Les deux années qui suivirent virent le retour des pèlerinages traditionnels plus nombreux généralement et plus recueillis aussi. On sortait à peine d'un immense danger, on pleurait des morts tragiques et si nombreuses, on sentait peser encore, on ne savait quelle obscure et redoutable menace dans le Traité de Paix mal préparé, insuffisant et confus que nos alliés d'Amérique et d'Angleterre avaient exigé que nous concédions à l'Allemagne. A l'heure où j'écris, et bien que quatre années déjà soient passées depuis la signature du traité, toutes les craintes sont loin d'être dissipées. Que nous réserve l'avenir ? Dieu seul le sait

En ce qui concerne La Délivrande Monseigneur l'Evêque de Bayeux estima convenable de remettre à ses Missionnaires la garde du sanctuaire vénéré.

M. le chanoine Lélièvre fut appelé à prendre rang parmi l'auguste Chapitre de l'insigne Eglise cathédrale de Bayeux, ses collaborateurs nommés à des postes de choix, d'ailleurs bien mérités, et le R. P. Lacour, avec quelques-uns des missionnaires survivants, fut chargé du service de la Basilique et des pèlerinages.

A peine étaient-ils installés que dans la lettre

pastorale du 18 juin 1922, Mgr l'Evêque de Bayeux annonçait la solennité du cinquantenaire et invitait ses diocésains à y prendre part.

« Le 22 août 1872, disait Sa Grandeur, Son Eminence le Cardinal de Bonnechose, archevêque de Rouen, entouré de nombreux évêques et d'une multitude de prêtres et de fidèles, couronnait solennellement, au nom du Souverain Pontife Pie IX, la statue miraculeuse de Notre-Dame de la Délivrande.

« A cette occasion, Monseigneur Hugonin, Notre prédécesseur de douce et pieuse mémoire, avait adressé à son diocèse une lettre pastorale dans laquelle il demandait à tous les fidèles de redoubler de prières et de confiance en la Vierge bénie, notre protectrice..... Cinquante ans ont passé. La France sort d'une guerre cruelle, plus terrible que celle de 1870. La Providence a béni le génie de nos chefs et la vaillance de nos soldats ; les deux provinces perdues ont fait retour à la Mère Patrie ; mais que de deuils dans toutes les familles ! combien de jeunes hommes tombés en pleine vigueur ! combien de malades, de mutilés ! combien de soucis en de nombreux foyers ! Il s'agit de faire sortir de ces ruines une France heureuse, pacifiée, comme aux plus beaux jours des siècles passés !

« C'est pourquoi, N. T. C. F., à l'exemple de notre vénéré prédécesseur, rempli, comme lui, d'une absolue confiance en la puissante intercession de la Sainte Vierge, ayant mis, comme lui, dès le début de Notre Épiscopat, Notre diocèse et Notre personne sous le patronage de Notre-Dame de la Délivrande, nous vous conjurons de redoubler de prières et de dévotion en ces fêtes solennelles par lesquelles Nous voulons commémorer le cinquantième anniversaire de son glorieux couronnement ».

Cet appel fut entendu, d'abord des chapelains, qui, sous la direction du R. P. Lacour, leur supérieur, mirent en œuvre tout leur zèle et toute leur habileté pour préparer un triomphe splendide à la bonne Mère qui les avait rappelés auprès d'Elle, ensuite des prêtres et des fidèles du diocèse, et des diocèses voisins, qui saisirent avec empressement cette occasion nouvelle de manifester leur piété envers Notre-Dame de la Délivrande.

Ce fut superbe. Les divers organes de la région, *Semaine religieuse*, *Moniteur du Calvados*, *Croix du Bessin*, *l'Echo de Falaise*, *la Dépêche de Lisieux*, *La Vie paroissiale à Alençon*, quelques journaux de Paris, *La Croix*, *l'Action française*, *le Petit Journal*, firent des comptes rendus élogieux.

Je reproduirai, ici, en le résumant un peu, le compte rendu que j'adressai alors à la *Semaine religieuse* et qu'elle inséra dans son numéro du 27 août 1922.

Le mercredi 16 août, à 5 heures de l'après-midi, Monseigneur l'Archevêque de Rouen, Mgr Dubois de la Villerabel, faisait son entrée solennelle à la Délivrande. Sous un arc de triomphe artistement décoré, M. Lesage, maire de Douvres, accompagné de son Conseil municipal, et tout le clergé du canton, conduit par M. le Doyen de Douvres, attendaient l'arrivée de Sa Grandeur. Monseigneur Lemonnier parut d'abord et présenta à Monseigneur l'Archevêque les personnes présentes. Immédiatement, M. le Maire de Douvres prit la parole et adressa à Sa Grandeur un discours d'une haute élévation de pensée et d'une parfaite tenue littéraire. Il évoqua le traditionnel attachement de la religieuse population de la Délivrande à son sanctuaire et dit les bienfaits moraux qu'elle en retirait.

Mgr l'Archevêque lui répondit avec une bonne grâce charmante et se félicita, avec lui, de l'union sacrée qui continuait de régner sur notre terre normande pour le plus grand bien de tous. Il releva aussi avec une délicatesse exquise les fortes qualités de notre tradition religieuse et artistique qui se manifestent avec tant d'éclat et d'esprit de suite, et dans les antiques monuments de Bayeux, de Caen, de Lisieux, et dans la moderne Basilique de Notre-Dame de la Délivrande.

M. le chanoine Renouf, doyen de Douvres, adressa ensuite un compliment de bienvenue à Mgr l'Archevêque au nom de tous les prêtres de son doyenné. En termes émus, il dit combien Sa Grandeur avait été aimée et vénérée de ses diocésains d'Arras, et comment, du premier coup, elle avait su conquérir l'amour et la vénération des fidèles de l'archidiocèse de Rouen.

La niche actuelle

Après une réplique aimable où l'on entendit un bel éloge de la « sapience » normande, dont M. le Doyen de Douvres offrait un si parfait modèle, le cortège se dirigea à travers la grande rue, magnifiquement décorée, vers la Basilique, où Mgr l'Archevêque et Mgr l'Evêque de Bayeux saluèrent la statue vénérée de la Sainte Vierge. La foule avait suivi : devant l'affluence des pèlerins, qui déjà remplissaient la nef et les chapelles, Mgr de la Villerabel ne put se tenir de dire son émotion et sa joie. Dans une improvisation très heureuse, il félicita les pèlerins de leur religieuse ferveur, et en tira, pour les fêtes du lendemain, les plus favorables augures. Cette attente ne devait pas être déçue.

Une heure plus tard, c'est-à-dire à 8 heures du soir, la Basilique était remplie pour le chant des premières vêpres solennelles et le salut du Très Saint-Sacrement.

Le lendemain 17 août, dès quatre heures, les messes commençaient dans la Basilique et dans la Crypte. Elles se suivaient sans interruption jusqu'à 9 heures. Au maître-autel, où Mgr l'Archevêque et Mgr Lecœur, évêque de Saint-Flour, dirent successivement la messe, les fidèles se pressaient pour recevoir la Sainte Communion. De 6 heures à 9 heures et demie, plusieurs prêtres durent se succéder pour donner satisfaction à tous.

Sur la grande place de l'église, dans l'angle formé par la gendarmerie et la Sainte-Famille, une large estrade avait été élevée. A 9 heures, pour répondre au désir exprimé par Mgr de Bayeux, une messe basse était célébrée. Elle était dite par le P. Pelcef, un des rares missionnaires qui eût assisté aux fêtes du Couronnement en 1872.

A 9 heures et demie, la procession s'organisait et venait chercher NN. SS. les Evêques dans la chère et si dévouée communauté de la Sainte-Famille.

A 10 heures, la grand'messe était dite sur la place par Mgr Grente, évêque du Mans. Une foule immense de plusieurs milliers de personnes, — c'est-à-dire autant qu'en pouvait contenir la grande place toute entière et la route de Langrune, depuis l'embranchement de Luc jusqu'à la barrière du chemin de fer — y assistait avec une piété édifiante.

Après l'Evangile, Mgr l'Archevêque monta en chaire. D'une voix forte, richement timbrée, admirablement claire, il traita du rôle libérateur de la Sainte Vierge Marie. Son discours, où passait un grand souffle apostolique, fut écouté de la foule immense avec une religieuse et impressionnante attention.

Pendant la messe, l'harmonie St-Joseph de Caen fit entendre quelques morceaux d'une haute inspiration : mais le principal fut, comme il convenait, réservé au plain-chant et à la musique vocale. Le désir de faire participer la foule au chant liturgique, avait fait choisir la Messe de Dumont. Grand unisson pour la foule, alternant avec la belle harmonisation, à quatre voix mixtes, de Gigout. Du grand maître César Franck, figuraient au programme le délicieux *Quæ est ista*, chanté à l'offertoire, et le majestueux *Psaume 150*, qui clôtura la cérémonie de l'après-midi comme il avait clôturé le salut de la veille. La Sainte Vierge devait être saluée par des œuvres musicales des enfants du pays. C'est à ce titre, et aussi — pourquoi ne pas ajouter ? — à cause de leurs brillantes qualités artistiques, que nous entendîmes le *Tota pulchra es*, de M. le chanoine Belliard, et le *Sanctus*, du R. P. Jeanne.

L'après-midi, après le chant des vêpres, l'illustre évêque d'Orléans, Mgr Touchet, dont nous sommes tous fiers, parce que cette gloire de l'Eglise de France est avant tout et premièrement la gloire du diocèse de Bayeux, Mgr Touchet prononça le discours de l'après-midi dans la Basilique. Inutile de dire que, si vaste qu'elle soit, l'enceinte était trop petite pour contenir la foule qui désirait l'entendre. Afin de donner quelque dédommagement à ceux qui ne pouvaient entrer, M. le chanoine Jouen, du diocèse de Rouen, lut le discours de Mgr Touchet sur la place publique, du haut de l'estrade où, le matin, on avait dit la grand'messe. Il mit à cette lecture toute son éloquence naturelle, toute sa maîtrise en l'art de bien dire, et il enthousiasma littéralement la foule, qui applaudit à plusieurs reprises.

Il est vrai que ce discours, lui-même, est un pur

chef-d'œuvre : chef-d'œuvre littéraire, chef-d'œuvre d'histoire locale, chef-d'œuvre de piété solide.

Aussitôt après, se forma le cortège traditionnel qui accompagne Notre-Dame en visite chez ses enfants bien-aimés. Le temps, qui, depuis trois semaines avait été constamment pluvieux, s'était enfin mis au beau. La journée du 16, avait été radieuse, très ensoleillée, très chaude, trop chaude même, car cela annonçait presque fatalement un retour offensif de la pluie.

Et voici qu'en effet, dès la fin de la matinée du 17, des nuages légers surgissaient dans le ciel, hâtifs, nombreux, pressés, comme l'avant-garde de quelque menaçante armée céleste. Vers les 3 heures, c'était le gros de l'armée qui envahissait tout l'horizon et bientôt commençait à lancer sur la foule une averse des plus drues. Mais, au moment même où Mgr Touchet descendait de chaire, la pluie qui faisait rage, cessait brusquement. Elle pouvait revenir, cependant Mgr l'Evêque de Bayeux eut foi dans la protection de la Sainte Vierge et commanda malgré tout de faire la procession traditionnelle, sans laquelle, il faut bien le dire, on ne concevrait pas, à la Délivrande, une fête du Couronnement. La Sainte Vierge ne trompa pas l'attente de notre Evêque. Il ne tomba plus une seule goutte d'eau et, sous un ciel brumeux, mais calme et doux, la procession se déroula. En tête s'avançaient, derrière la Croix, les enfants des écoles, les religieuses et les enfants de la Vierge

Fidèle, les religieuses et les enfants de la Sainte-Famille, un groupe important de Noëlistes, la Ligue des Femmes Françaises, la Musique de Saint-Joseph, les femmes, les hommes, le clergé, les clairons et les tambours de *La Vaillante* (1), la statue de la Sainte Vierge, portée par des prêtres, puis Mgr Dubois de la Villerabel, archevêque de Rouen, NN. SS. les Evêques d'Orléans, d'Agen, de Saint-Flour, d'Evreux, de la Martinique, de Bagamoyo, Mgr Camus, vicaire général de la Martinique, les Révérendissimes Pères Abbés de Mondaye et de la Trappe, MM. les députés Blaisot, Engerand, comte d'Harcourt, Flandin, Cautru, baron Gérard, M. Lesage, maire de Douvres, M. Tesnière, conseiller général, enfin la foule.

Or, quelque nombreuse que fût cette foule, et elle l'était en vérité : d'aucuns affirmaient qu'il y avait bien 10.000 personnes, d'autres davantage, en tout cas, ce que je puis affirmer sans craindre un démenti, c'est que les rues, chemins et places de la Délivrande regorgeaient littéralement de monde, eh bien, quelque nombreuse et quelque dense que fût cette foule, on n'entendit ni un cri, ni une querelle, ni une plainte. C'était un recueillement admirable, une attitude de respect qui saisissait, une docilité merveilleuse à suivre les indications données pour le chant des cantiques ou se prêter aux évolutions nécessaires. Et cette attitude ne se

(1) Société de gymnastique dont il a été parlé précédemment.

démentit pas 'un instant ; elle sembla même gagner quelque chose de plus grave, de plus profondément pieux, quand, à la rentrée de la procession, on donna la bénédiction du Saint-Sacrement sur la place.

Le soir, on avait demandé aux musiciens de rester pour donner un concert et faire la retraite à travers les rues de la bourgade. Très simplement, très aimablement, les musiciens avaient consenti. On les écouta donc avec plaisir égrener les plus belles mélodies de leur répertoire aux heures calmes du soir. On applaudit ferme leur jeu brillant et précis. Puis sur l'invitation que leur adressèrent les R. P. Baron et Le Dauphin, les assistants ajoutèrent à ce concert la note religieuse et chantèrent à plein cœur le *Credo*. Enfin, ce fut la retraite aux accents entraînants de *Sambre et Meuse* et autres marches militaires, à travers la place et la grande rue splendidement illuminées et décorées. Pour finir, on joua la *Marseillaise* devant la maison de M. le Maire.

Comme j'eus l'occasion de l'écrire dans la *Croix du Calvados* (1), « ce qui frappa surtout dans ces fêtes grandioses, ce fut le réveil puissant, inattendu, de la foi traditionnelle que d'aucuns croyaient morte ou pour le moins moribonde. Rien qu'à voir les décorations, à constater le soin pieux que chacun avait apporté à faire aussi belle que

____

(1) N° du 25 août 1922.

possible la demeure devant laquelle allait passer la statue de la Vierge, à contempler ces arcs de triomphe superbes, ces banderolles, ces guirlandes, ces fleurs naturelles et artificielles semées avec autant d'art que de profusion, on comprenait tout de suite que la dévotion à Marie vivait au cœur de ce peuple, qu'elle en était l'âme et que pour la satisfaire il n'y avait rien de trop difficile, rien de trop grand, rien de trop beau ».

Parmi les évêques présents aux fêtes du cinquantenaire, les fidèles remarquaient, avec quelque étonnement, deux missionnaires, Mgr Lequien, évêque de la Martinique, et Mgr Vogt, vicaire apostolique du Cameroun. *Les Annales Apostoliques des PP. du Saint-Esprit* de novembre-décembre 1922, expliquaient ainsi leur présence : « Ils représentaient, sans doute, la Congrégation du Saint-Esprit comme tous nos Prélats la représentent aux fêtes où on les invite. Mais, il y avait autre chose. Leur présence au célèbre pèlerinage avait un sens plus précis, que la *Semaine religieuse de Bayeux et Lisieux* a nettement souligné : ils venaient parler à Notre-Dame de la Délivrande des églises qui, dans nos missions, sont proprement les filiales de son premier Sanctuaire ».

« L'Evêque de la Martinique, qui fut jadis missionnaire au Sénégal, venait prier au nom de ces deux pays, au nom des fidèles du Morne Rouge et de la chrétienté de Poponguine ».

J'ai raconté au chapitre précédent en quelles

circonstances fut érigée Notre-Dame de la Délivrande au Morne Rouge ; je dirai d'après les *Annales Apostoliques,* comment les fidèles de Poponguine furent mis sous la protection de notre vénérée Madone.

« En 1887, lorsqu'il fallut donner au Sénégal un successeur à Mgr Riehl qui venait de mourir, l'élu fut un Père qui avait séjourné de longues années à la Martinique, le P. Mathurin Picardu.

« A peine sacré, il vint au sanctuaire de la Délivrande, y célébra une grand'messe pontificale et, renouvelant le vœu de Mgr Leherpeur, il promit à la Vierge du pèlerinage de lui consacrer sa première fondation.

« Son épiscopat fut des plus courts : quinze mois. Mais c'en fut assez pour que ce fidèle serviteur de Marie lui tienne parole. Dans un site maritime qui ne rappelle que par le bruit des flots et le silence des grèves les grasses campagnes de la côte normande, en un lieu que les Européens appelaient Poponguine, entre la populeuse escale de Rufisque et la grande mission de Ngasobie, il érigea une chapelle de planches qu'il dédia à Notre-Dame de la Délivrande. Et dès ces humbles origines, cette petite station de la Petite-Côte (1) fut un lieu de pèlerinage ».

(1) Au Sénégal, la Grande-Côte désigne le littoral de l'Atlantique qui va vers le Nord en partant de Dakar comme point central. Au Sud, jusqu'à la Gambie et à la Casamance, c'est la Petite-Côte. (Note des *Annales Apostoliques*).

L'histoire de la filiale que représentait Mgr Vogt, est plus curieuse encore. Je la rapporterai, à la suite des *Annales Apostoliques*, pour la plus grande gloire de notre chère et si bonne Mère.

« Dans sa dernière migration en Afrique, la Vierge des marins a quitté la côte. C'est à l'intérieur, en montagne, dans le fameux massif du Kilima-N'djaro, qu'Elle a élu domicile.

« Le Kilima-N'djaro ! Qui ne se souvient d'avoir lu le voyage de découverte que fit de ce côté notre actuel Supérieur Général, alors le P. Alexandre Le Roy ?...

...A la suite de cette lointaine reconnaissance, plusieurs stations furent successivement créées sur les pentes de la grande montagne. La première fut celle de Kiléma, et son érection coïncide avec les premières difficultés de l'occupation allemande au Kilima-N'djaro. Au milieu de l'été 1893, les choses devinrent si graves que l'abandon de la Mission commencée fut décidé et le P. Auguste Gommenginger en donna l'avis au sultan du pays, Mili, qu'il y avait lieu de ménager. En général, les chefs africains tiennent fort à la présence des missionnaires qui s'installent près d'eux : ils y voient profit et garanties. Contre l'attente des Pères, Mili ne s'opposa pas à leur départ et insista seulement pour en connaître le jour. On lui dit que c'était pour le lundi 7 septembre. Mais dans l'intervalle, le samedi 5, le P. Auguste se sentit pris d'un désir urgent d'avancer la date. Les charges furent distribuées et, un peu après midi, l'on se mit en route pour Tavéta, où il y avait plus de sûreté. La route se fit sans encombre. Mais quand ils furent parvenus à Tavéta, quelle ne fut pas l'émotion de nos missionnaires lorsqu'ils apprirent que Mili, passant à la révolte ouverte, avait conçu le projet de les faire assassiner sur le chemin. Seuls, leur hâte inopinée avait déjoué ses plans.

« Ce qu'ils n'apprirent que beaucoup plus tard, c'est que Mgr de Courmont, alors en congé en France, avait célébré pour eux la messe à l'autel de N.-D. de la Délivrande, le même samedi, 5 septembre 1893, vers huit heures du matin. Huit heures du matin en France, c'est dix heures au Kilima-N'djaro, et c'était à dix heures que le Père Auguste, devant ses charges déjà prêtes, avait été pris de cette hâte à partir qu'il ne s'expliquait pas lui-même.

« Deux ans plus tard, lorsque la région fut calmée, les Pères revinrent vers leurs stations évacuées. Kilima avait été, dès la première heure, consacré à N.-D. de Lourdes. Le deuxième poste, Kibosko, fut dédié à N.-D. de la Délivrande.

« C'était de toute justice. La Très Sainte Vierge Marie a dû reste montré, là comme ailleurs, sa protection tutélaire. Le Kilima-N'djaro, qui l'eût pensé ? a connu la guerre comme on l'a connue dans notre Champagne ou nos Flandres. Et Kibosko a traversé la guerre sans voir la ruine de ses œuvres ni de sa chrétienté, où déjà se comptent 2.300 catholiques ».

L'auteur de l'article que je viens de citer, affirme que la fondation de Kibosko est la dernière migration de Notre-Dame de la Délivrande en Afrique. Au moment où paraissait l'article cela cessait d'être vrai.

Un missionnaire franciscain, ancien élève des Pères au Séminaire de Villiers, le R. P. Samuel Castel, écrivait le 29 mars 1922, au R. P. Supérieur, lui demandant d'envoyer à la mission d'Oudjda dont il était chargé, une statue de Notre-Dame de la Délivrande.

« Il faut que Notre-Dame de la Délivrande nous aide, disait-il, dans la rude tâche que nous avons à accomplir... La superstition, l'indifférence, la haine parfois, mais rarement, sont les trois causes qui, s'alimentant à une ignorance stupéfiante, font que nos gens (et il y avait des Européens baptisés dans le nombre) vivent sans Dieu et meurent dans cette misérable condition. La piété envers la Sainte Vierge est le seul antidote que nous puissions opposer à ces virus qui empoisonnent les âmes ».

La statue demandée fut envoyée et sans perdre de temps, le R. P. Samuel Castel s'occupa de préparer son érection solennelle et l'inauguration du pèlerinage. Il fallut d'abord construire une chapelle, mais au Maroc on n'y regarde pas de très près. Une assez grande bâtisse en planches, accolée à l'Orphelinat Saint-Maurice, tenu par les Sœurs franciscaines, fit l'affaire. Puis, le R. P. Samuel s'avisa que pour ressembler à la statue de la Délivrande, la nouvelle Notre-Dame devait avoir un habit convenable. Il se procura tout ce qui était nécessaire et chargea les Sœurs de la confection de cet habit.

Par ailleurs, il obtenait du Vicaire apostolique la permission d'ériger une statue de Notre-Dame de la Délivrande et d'instituer un pèlerinage en son honneur. Il demandait et obtenait les cantiques et autres chants liturgiques en usage à la Délivrande. Il les faisait apprendre à ses enfants sans délai, en telle sorte et manière que tout se trouvait prêt pour la fête solennelle fixée au 8 avril 1923, dimanche de Quasimodo. Cette fête eut un grand retentissement sur la population indifférente d'Oudjda, d'autant qu'une conversion « que d'aucuns qualifiaient miraculeuse », réveilla l'attention et ranima la foi. « Une malheureuse, écrivait au lendemain de la fête le R. P. Samuel, était dans un cas difficile, puisque de par les règles elle devait finir sa vie de scandale sans avoir été réconciliée avec le Juge Suprême. Elle voulut pourtant offrir son obole pour la Vierge et contribuer par là à habiller la statue. Le soir même, elle se dégageait des liens qui l'avaient maintenue dans un état de désobéissance violente à la loi de Dieu et de l'Eglise. Dieu est bon, et la Sainte Vierge est toujours le canal de ses grâces. Décédée peu après, j'espère que la Sainte Vierge l'a sauvée..... Veuille Notre-Dame de la Délivrande protéger le Maroc Oriental ».

De tout leur cœur ceux qui liront ces pages s'associeront au vœu du pieux et zélé missionnaire, mais ils n'oublieront pas d'ajouter aussi : Veuille Notre-Dame de la Délivrande continuer sa maternelle protection à ses bons et dévots pèlerins du diocèse de Bayeux, à toute la Normandie, à toute la France, à l'Eglise !

APPENDICE I

Description de la Basilique

Dans sa *Notice sur la Chapelle de la Délivrande,* le R. P. Rabot avait intercalé une description très complète et très intéressante, mais qui avait le tort de briser le récit. Il m'a paru plus convenable de mettre ces pages descriptives en appendice. Elles sont comprises entre les pages 40 et 69 de la *Notice.*

§ 1 — La Nef

« La nef mesure à l'intérieur 20 mètres de longueur sur 7 mètres 10 de largeur.

Elle est bordée de chaque côté par trois chapelles. Un élégant autel en pierres se dresse au fond de ces chapelles, et des confessionnaux en occupent les côtés.

Au bas de la nef, et à la suite des chapelles, deux portails latéraux s'ouvrent, l'un sur la place de la Délivrande ; l'autre sur la route de Luc.

La façade a d'ailleurs sa grande porte, qui livre passage aux pèlerins dans les jours d'affluence.

La nef est éclairée, à sa partie supérieure, par huit grandes fenêtres géminées et ornées d'une rosace ; les chapelles, par trois fenêtres de médiocres dimensions ; les petits portails, par une fenêtre. Une belle rosace s'épanouit en douze lobes au-dessus de la porte principale.

Les vitraux peints sont un ornement indispensable à tout édifice gothique de quelque importance. La nouvelle nef posséda bientôt les siens.

Nous serons agréable, croyons-nous, aux pieux visiteurs de la Chapelle, en leur décrivant ces verrières, sorties, comme les autres verrières de la Chapelle, à quelques exceptions près, des ateliers de M. Gzell-Laurent, de Paris.

Commençons par la grande rosace :

L'Image de Marie en occupe le centre. Autour se rangent, d'un côté, les femmes de l'Ancien Testament qui figurèrent la Très Sainte Vierge : Eve, Rébecca, Rachel, Esther, Judith, Suzanne ; de l'autre, quelques-unes des femmes de la nouvelle loi qui marchèrent de plus près sur ses traces : les saintes Agnès, Cécile, Marguerite, Catherine, Germaine Cousin.

Dans les grandes fenêtres sont représentés en pied des personnages de l'Ancien et du Nouveau Testament qui gorifièrent la Mère du Sauveur, les uns, en la préparant ; les autres, en travaillant par leurs écrits et leurs institutions, à soutenir ses privilèges et à propager son culte.

Du côté de l'Evangile, en commençant par le bas :

1re Fenêtre. — Jacob avec l'échelle de la vision, et cette inscription tirée de l'Ecriture : *Benedicentur in te omnes gentes.* (En toi toutes les nations seront bénies).

Moïse avec le buisson ardent : *Vadam, et videbo visionem hanc magnam.* (Je viendrai, et je verrai cette grande vision).

2e Fenêtre. — David avec sa harpe : *Omnis gloria filiæ regis ab intus.* (Toute la gloire de la fille du roi est intérieure et cachée).

Salomon avec le temple : *Tota pulchra es, et macula non est in te.* (Vous êtes toute belle, et il n'y a pas de tache en vous).

3e Fenêtre. — Isaïe avec une verge fleurie : *Ecce Virgo concipiet et pariet filium.* (Voici qu'une Vierge concevra et enfantera un fils).

Jérémie versant des larmes : *Fœmina circumdabit virum.* (Une femme portera dans son sein un homme).

4e Fenêtre. — Ezéchiel ; auprès de lui, une porte ; *Deus Israël ingressus est per eam.* (Le Dieu d'Israël est entré par cette porte).

Daniel : *Abscissus est lapis sine manibus.* (Une pierre a été détachée de la montagne sans le secours d'une main d'homme).

Du côté de l'Epitre, mais en commençant par le haut de la nef :

(Notez que les inscriptions sont empruntées aux écrits des personnages représentés).

Le Sanctuaire

1re Fenêtre. — Saint Epiphane : *Maria templum et thronus divinitatis.* (Marie temple et trône de la divinité).

Saint Jean Damascène avec sa main coupée : *Oportebat Dei matrem quœ filii sunt possidere.* (Il fallait que la mère de Dieu possédât tous les trésors de son fils).

2e Fenêtre. — Saint Anselme : *Supra Mariam solus Deus.* (Au-dessus de Marie, il n'y a que Dieu).

Saint Bernard : *Memorare, o piissima Virgo Maria.* (Souvenez-vous, ô Très pieuse Vierge Marie).

3e Fenêtre. — Saint Dominique, le Rosaire à la main. Saint Simon Stock, auquel fut révélé le scapulaire.

4e Fenêtre. — Saint Pie V : *Auxilium christianorum, ora pro nobis.* (Secours des chrétiens, priez pour nous).

Pie V fit insérer cette invocation dans les litanies, en mémoire de la victoire de Lépante.

Saint Alphonse de Liguori : *Quomodo dubitari potest de Conceptione Immaculata ?* (Comment pouvoir douter de l'Immaculée Conception ?).

Les vitraux des portails latéraux représentent : l'un, la découverte de la statue par le mouton ; l'autre, saint Régnobert tenant dans sa main la Chapelle dont il est le fondateur.

Les verrières des chapelles sont en rapport avec les vocables des chapelles elles-mêmes.

La première chapelle, au bas de la nef, du côté de l'Evangile, est dédiée à sainte Madeleine.

Les sujets des vitraux sont : Notre-Seigneur instruisant sainte Madeleine ; Madeleine arrosant de ses larmes les pieds de Notre-Seigneur ; Notre-Seigneur, après sa résurrection, apparaissant à sainte Madeleine.

La chapelle suivante est dédiée aux SS. Cœurs de Jésus et de Marie. Les sujets des vitraux : Notre-Seigneur apparaissant à sainte Marguerite-Marie et lui montrant son Cœur ; de l'autre côté, le Bienheureux P. Eudes, promoteur, lui aussi, de la dévotion au Sacré Cœur de Jésus, et de plus, propagateur zélé de la dévotion au Saint Cœur de Marie. Il est là, agenouillé devant ces Cœurs sacrés, objet de son culte. Dans la verrière du centre, Notre-Seigneur est représenté sur la Croix. Des anges recueillent le sang de ses plaies, versé par amour pour les hommes.

Ne quittons pas cette chapelle sans avoir remarqué la statue en pierre du Sacré Cœur de Jésus, placée au milieu de la contre-table de l'autel, et les deux autres statues plus petites qui lui font cortège. Deux évêques : saint Augustin, reconnaissable au cœur qu'il porte dans la main ; saint François de Sales. Deux religieuses : sainte Thérèse, tenant un livre et une plume ; sainte Marguerite-Marie, présentant une Image du Sacré Cœur de Jésus. Ces saints personnages sont, en effet, rangés parmi les précurseurs les plus célèbres de la dévotion au Sacré Cœur.

La troisième chapelle, celle où se trouvent les

confessionnaux des pèlerins, est dédiée à saint Régnobert.

Vitraux :

Au centre, saint Régnobert sacré par saint Saturnin.

A droite, saint Régnobert baptisant les païens.

A gauche, saint Régnobert bénissant le plan de la Chapelle qu'il veut bâtir en l'honneur de Marie.

La chapelle en face, est la chapelle Saint-Exupère. Les vitraux représentent : celui du milieu, saint Exupère foulant aux pieds le dragon ; celui de droite, saint Exupère recevant la mission de saint Clément avec plusieurs autres évêques ; celui de gauche, saint Exupère évangélisant les idolâtres du Bessin.

Avant de continuer notre description, qu'on nous permette de rappeler que saint Exupère et saint Régnobert étaient mis autrefois au rang des patrons de la Chapelle. Leur fête se célébrait solennellement. Les deux saints pontifes avaient, d'ailleurs, leur autel dans le pieux Sanctuaire, et sur ces autels, leurs statues. Placés en haut de la nef et appliqués contre un lambris sculpté et doré où « étaient peints sur bois les images des saints Evêques de Bayeux », ces autels furent supprimés en 1735, sous le prétexte assez futile qu'ils nuisaient à la régularité du vaisseau. Il était naturel qu'on cherchât l'occasion de réparer cette suppression regrettable, en replaçant des autels dédiés à saint Exupère et à saint Régnobert, à peu près à l'endroit où se voyaient les anciens.

De la chapelle Saint-Exupère, passons à la suivante, dédiée à la sainte Famille. Les vitraux représentent Jésus, Marie, Joseph.

La dernière chapelle de la nef fut dédiée aux vingt-six Martyrs du Japon, canonisés en 1862, l'année même de la construction de la nef. Sujet des vitraux : les Martyrs évangélisant les Japonais, — le supplice des Martyrs, — Pie IX proclamant le décret de canonisation.

Nous avons décrit la nouvelle nef à l'intérieur, disons quelques mots de l'extérieur.

Vue de côté, la nef, avec les absides à pans coupés de ses chapelles, offre un aspect mouvementé qui ne manque pas de grâce.

L'œil s'arrête avec plaisir, au-dessus des chapelles, sur la grande muraille que surmontent des clochetons en pyramides, reliés ensemble par une élégante balustrade.

La façade principale, flanquée de deux tourelles, nous semble remarquable par sa simplicité de bon goût. Une niche pratiquée dans le fronton, est occupée par une statue de la Très Sainte Vierge, Mère et Reine. Cette statue fut bénite et inaugurée solennellement le 26 novembre 1863. Elle est l'œuvre de M. Fulconis, de Paris.

L'habile ciseau du même artiste sculptait, l'année suivante, les trois bas-reliefs qui décorent le tympan de la porte principale et ceux des portails latéraux.

Le bas-relief de la grande porte rappelle, dans

sa zone inférieure, la fondation de la Chapelle du pèlerinage par saint Régnobert.

Les bas-reliefs des petits portails représentent : du côté de Luc, le miracle de la guérison de Madame la comtesse de Jumilhac et la fondation du couvent des orphelines de la Vierge Fidèle, qui en fut la conséquence ; du côté de la place, la procession faite, en 1832, à l'occasion du choléra, et la disparition miraculeuse de l'épidémie.

§ 2 — Le Transept.

Au commencement de mars 1865, les ouvriers se mirent à l'œuvre pour édifier le transept. Dès le 20 septembre 1866, une statue de saint Joseph prenait place au fronton extérieur de la chapelle dédiée à ce saint Patriarche. Le grand et magnifique autel de cette chapelle recevait, en 1869, la statue du même Saint. Ces deux beaux morceaux de sculpture étaient dus encore au ciseau de M. Fulconis.

C'est en 1867, que s'éleva l'autre bras du croisillon occupé par la chapelle Sainte-Anne. L'année suivante, on établit l'autel, sur le modèle de l'autel Saint-Joseph. L'autel Sainte-Anne attendit, jusqu'au 10 septembre 1871, la statue de sa sainte Patronne. En 1872, le 26 juillet, le gable de la Chapelle, à l'extérieur, s'enrichissait d'une autre statue de sainte Anne. Il est facile de reconnaître dans ces deux statues l'œuvre de l'artiste déjà nommé plusieurs fois.

L'érection de ces statues fut l'occasion de grandes cérémonies, ordinairement présidées par Monseigneur l'Evêque.

Les statues des anciens autels en marbre dédiés à saint Joseph et à sainte Anne, étaient très vénérées des fidèles.

Ces statues, dans le style du XVIIIe siècle, ne sont pas d'ailleurs sans mérite. Elles furent élevées sur des piédestaux, à la naissance des transepts, du côté de la nef. La statue de saint Joseph surtout est l'objet d'une grande dévotion. Des cierges brûlent souvent auprès, et les lèvres pieuses se plaisent à déposer un humble et confiant baiser sur les pieds de l'Enfant Jésus et sur ceux de son Père nourricier.

Comme la nef, le croisillon devait avoir ses vitraux. La plupart furent placés dans les premiers mois de l'année 1881.

Les verrières des fenêtres géminées, ouvertes au-dessus des confessionnaux, dans le mur qui regarde l'autel, continuent, dans la chapelle Sainte-Anne ; et commencent, dans la chapelle Saint-Joseph, les verrières de la grande nef.

Dans la fenêtre de la chapelle Sainte-Anne, c'est : 1° Mardochée : *Loquere regi pro nobis.* (Intercédez pour nous auprès du roi). 2° Michée : *Ecce mihi egredietur qui sit dominator.* (Voilà que sortira de moi le dominateur).

La fenêtre de la chapelle Saint-Joseph représente : 1° Saint Epiphane d'Alexandrie : *Salve a
nobis, Deipara.* (Nous vous saluons, Mère de Dieu) ;
2° Saint Augustin : *Virgo concipiens, Virgo
pariens, Virgo moriens.* (Vierge, elle conçoit, Vierge
elle enfante, Vierge elle meurt).

Les grandes fenêtres, ornées de rosaces si riches
de style, se font aussi remarquer par la beauté de
leurs vitraux.

Dans la chapelle Sainte-Anne, la rosace reproduit des sujets ayant trait à la vie de sainte Anne
et de saint Joachim, les parents de la Très Sainte
Vierge.

On a suivi, sans prétendre les contrôler, les
légendes de saint Joachim et de sainte Anne qui
servaient de thème aux compositions du moyen-âge.

D'après ces légendes, tirées des évangiles apo-
cryphes, saint Joachim et sainte Anne, mariés
depuis vingt années, n'avaient pas d'enfants. Un
jour que Joachim était allé au Temple, le prêtre
refusa son offrande comme étant celle d'un homme
maudit de Dieu. Couverts de confusion, les deux
époux se retirèrent à la campagne, chacun de son
côté. Ils distribuèrent leurs biens aux pauvres et
se livrèrent à toutes sortes d'austérités, afin d'obtenir la fin de leur épreuve. Un ange apparut à
chacun d'eux pour les consoler en leur apprenant
que leurs vœux seraient exaucés : seulement ils
devraient retourner à Jérusalem. La preuve que
l'ange avait donnée de la vérité de sa parole, c'est

que Joachim et Anne, rentrant ensemble dans la ville sainte, sans s'être entendus, se rencontreraient sous la porte du temple qu'on nommait la porte Dorée.

A la vérité, la promesse fut accomplie, et Anne donna le jour à une fille, qui reçut le nom de Marie. Suivant le vœu qu'ils en avaient fait, Joachim et Anne consacrèrent leur enfant au service du temple (1).

Voici dans quel ordre sont disposés autour de la rosace les motifs qui reproduisent cette légende :

Marie présentée au Temple

Naissance de Marie	Education de la T. S. V.
Apparition d'un ange à sainte Anne	Rencontre sous la porte Dorée
Distribution des biens aux pauvres	Apparition d'un ange à saint Joachim

Refus de l'offrande

Dans les compartiments de la fenêtre, au-dessous de la rosace, sont figurés en pied de saints évêques de Bayeux, saint Manvieu, saint Patrice, saint Loup, saint Vigor ; puis un simple prêtre, disciple de saint Exupère, saint Révérend. Vient ensuite saint Léon, premier évêque de Bayonne (IXe siè-

---

(1) Cf. *la Caractéristique des Saints* de P. Cahier. S. J.

cle). Saint Léon était originaire de Carentan, ville du diocèse de Coutances. Aux armoiries représentées au bas de la verrière, on reconnaît que le donateur est Mgr Ducellier, autrefois vicaire général de Bayeux, puis successeur de saint Léon sur le siège de Bayonne.

Dans la grande fenêtre de la chapelle Saint-Joseph, la rosace représente, au centre, le patriarche Joseph, figure de saint Joseph, époux de Marie. Il est assis sur une sorte de trône comme intendant du roi d'Egypte. Des personnages sont groupés autour de lui. Ils viennent à Joseph. (*Ite ad Joseph*). Autour de la rosace, c'est la famille de Joseph, Jacob et Rachel, son père et sa mère ; puis ses frères :

Ruben,	Siméon,
Lévi,	Juda,
Dan,	Nephtali,
Gad,	Azer,
Issachar,	Zabuchon,

Benjamin.

Le patriarche Joseph tient dans ses mains une gerbe dressée, tandis que ses frères tiennent des gerbes inclinées. Les images du soleil et de la lune brillent au-dessus de Jacob et de Rachel ; sur la tête de chacun des frères de Joseph, luit une étoile. On a voulu rappeler ainsi les songes du premier Joseph, songes qui s'appliquent si bien au second, placé par ses mérites et ses attributions à la tête de la famille chrétienne.

Saint Exupère, saint Régnobert, premiers évêques de Bayeux ; saint Nicaise, saint Taurin, saint Latuin, saint Lô, premiers évêques des diocèses de Rouen, d'Evreux, de Séez, de Coutances, occupent en pied le reste de la fenêtre.

§ 3 — LA NICHE DE LA STATUE VÉNÉRÉE

La niche où reposait primitivement la Statue miraculeuse, était adossée à l'angle formé par la rencontre du mur de la chapelle Sainte-Anne avec le mur du sanctuaire. Plus tard, la nécessité des constructions avait obligé de la porter un peu en avant. On l'a depuis rétablie à l'endroit primitif.

Le marbre et la pierre du pays sont entrés à la fois dans sa construction. Une belle colonne en marbre de Carrare, surmontée d'un chapiteau richement sculpté, porte la statue de la Très Sainte Vierge. Ici, rendons grâce au désintéressement et à l'habileté du sculpteur de Paris, M. Bisson, originaire de Langrune, qui a tenu à honneur d'exécuter ce travail.

Une flèche, ornée de quatre feuilles et de crochets, et terminée par un ange tenant un phylactère, surmonte le dais sous lequel la Statue miraculeuse est placée. Cette flèche est accompagnée de deux clochetons, portés sur des pilastres que d'élégants rinceaux, sculptés dans le marbre, décorent à leur partie inférieure.

Des anges et des saints, figurant l'Eglise triomphante, s'étagent au sommet de la niche. Les statuettes des piliers, de chaque côté de l'Image vénérée, rappellent que la Très Sainte Vierge est l'espérance de l'Eglise militante. Tous les ministres de l'Eglise, depuis la simple tonsure jusqu'à la papauté, toutes les conditions et toutes les situations de la vie, le dévouement du Frère instituteur et celui de la Religieuse garde-malade, le pouvoir et la richesse, le travail et l'oppression, toute faiblesse, toute infirmité, toute misère, sont là représentées auprès de Marie.

Au-dessous de la statue, un groupe en marbre blanc, en nous reportant à l'Eglise souffrante, nous rappelle que la Très Sainte Vierge est reine et auxiliatrice du purgatoire.

Ajoutons, pour être complet, que deux beaux candélabres en cuivre, qui faisaient partie du mobilier de l'ancienne chapelle, ont été jugés dignes de reprendre auprès de la nouvelle niche la place qu'ils occupaient auprès de l'ancienne. Ils supportent les cierges nombreux que les fidèles font brûler en l'honneur de Marie.

Une grille en fer, d'un beau travail, protège les abords de la niche.

Nous venons de décrire le trône préparé à Notre-Dame de la Délivrande par la piété de ses enfants. C'est l'occasion, il nous semble, de décrire la Statue elle-même, objet de leur vénération.

Nous n'ignorons pas que cette Image exciterait à peine l'attention des artistes. Pour eux, elle ressemblerait à tant d'autres statues sorties du ciseau inhabile des sculpteurs d'un autre âge. Ce n'est pas au nom de l'art seulement que nous écrivons cette Notice ; avant tout, c'est au nom de la foi. Assurément, elle ne sera pas sans intérêt pour les pèlerins, la description d'une Image sainte, aux pieds de laquelle ils se prosternent et prient avec tant de confiance.

La Statue de Notre-Dame de la Délivrande, haute à peu près d'un mètre, a été taillée dans un bloc calcaire du pays. La Vierge porte l'Enfant Jésus non pas sur le bras gauche, mais sur le bras droit. Une longue robe, relevée par une ceinture, la revêt. Cette robe fut autrefois peinte en bleu tacheté d'or. Autour de la tête, on aperçoit encore les restes d'un diadème sculpté à même le bloc. Les pieds sont usés en partie par les baisers des fidèles qui venaient y appliquer respectueusement leurs lèvres, au temps où la statue, maintenant parée de longues draperies et gardée par une petite galerie en bronze doré, était livrée sans voiles et sans précautions, à la vénération de tous (1).

Sur une plaque en cuivre, placée derrière le

(1) Au XVIIIᵉ siècle, la statue était habillée. En 1796, quand on l'emporta à Caen, les vêtements furent remis à la citoyenne Palla, qui disait les avoir fournis. — Archives de la mairie de Douvres.

revêtement étoilé qui forme le fond de la niche, a été gravée l'inscription suivante :

† *Anno Dni MDCCCLXX, Pontificatus Pii Papæ noni vigesimo quinto, RR° et II° Flaviano Abel Antonio Hugonin Bajoc. et Lexov. Episc°, D° Joann. Petr. Fn. Picot, Mission. diœc. moderatore Iac° Eug. Barthélemy, operis magistro, die 4 septembris, in Festo S^{ti} Regnoberti, hujusce templi fundatoris, paucis diebus postquam, plaudente universo orbe catholico, sancta. œcumenica Vaticana synodus supremum Romani Pontificis magisterium ex cathedrâ loquentis infallibile decrevit Verenand. B. M. V. de Yvrandiâ Imago hanc œdiculam piis fidelium donis instaurandam solemni pompâ occupavit.*

(L'année du Seigneur 1870, et du pontificat de Pie IX la vingt-cinquième, le Révérendissime et Illustrissime Flavien-Abel-Antoine Hugonin étant évêque de Bayeux et Lisieux, M. Jean-Pierre-François Picot étant supérieur des missionnaires diocésains, Jacques-Eugène Barthélemy, architecte, le quatrième jour de septembre, en la fête de saint Régnobert, fondateur de ce temple, peu de jours après qu'aux applaudissements de l'univers catholique le saint et œcuménique concile du Vatican, a décrété que le magistère suprême du Pontife Romain, parlant *ex cathedrâ*, est infaillible, l'Image vénérée de la bienheureuse Marie (dite) Vierge de la Délivrande a pris solennellement possession de cette niche, construite avec les pieuses offrandes des fidèles).

Il nous reste à dire un mot au sujet du livre, magnifiquement relié, qui se voit depuis quelques années sous les pieds de la statue, dans la niche elle-même : c'est le *Livre d'or*, sur les pages duquel sont inscrits les noms des insignes bienfaiteurs de la Chapelle, du chœur principalement.

§ 4 — LE CHŒUR

La première pierre du chœur fut bénite le 22 juin 1873. Des difficultés imprévues s'étaient rencontrées. Le terrain sur lequel devait s'élever le nouveau chœur était une ancienne carrière. Il avait fallu creuser à une profondeur de sept mètres. De là était venue la pensée de profiter des murs en sous-sol, que la situation rendait nécessaire, pour construire une crypte.

Il suffit de pénétrer dans cette crypte monumentale, dont les solides murailles et les amples colonnes romanes portent le chœur tout entier avec les sacristies circulaires, pour s'expliquer la lenteur apparente avec laquelle les travaux furent conduits.

Le 14 mai 1786, le chœur, achevé dans son gros œuvre, s'ouvrait provisoirement pour recevoir un grand pèlerinage. Au mois de décembre, il se fermait de nouveau pour être livré aux travaux des sculpteurs, jusqu'à l'été de l'année suivante.

Le chœur de la Chapelle de la Délivrande, avec son chevet octogone et ses nombreuses retombées de voûte, avec ses longues fenêtres surmontées d'une rose, avec ses arcatures aux colonnettes dégagées qui décorent le nu des murailles, avec sa frise d'une richesse et, en même temps, d'une élégance sans pareilles, est considéré, à bon droit, comme l'une des plus belles constructions gothiques de notre époque.

C'est en 1881, que ce chœur magnifique reçut la brillante parure de ses verrières. Nous allons en indiquer les sujets, comme nous l'avons fait pour celles de la nef et du transept.

Notez que, sur les verrières, les sujets se suivent de bas en haut.

COTÉ DE L'ÉVANGILE FENÊTRES GÉMINÉES	COTÉ DE L'ÉPITRE FENÊTRES GÉMINÉES
1re fenêtre	*2e fenêtre*
1° L'Incarnation dans le sein de Marie, révélée aux Anges. Les uns applaudissent, les autres se révoltent. 2° La Rédemption annoncée aux premiers parents : *Une femme brisera la tête du serpent.* 3° Balaam, prophète de l'étoile de Jacob.	1° Nativité de la Sainte Vierge. 2° Marie présentée au temple. 3° Marie servie par les Anges.

1er Compartiment — *1er Compartiment*

COTÉ DE L'ÉVANGILE
FENÊTRES GÉMINÉES

1re fenêtre.

2e Compartiment

1º L'Immaculée-Conception, figurée par un bouquet de lis et de roses d'où sort Marie.

2º La procession du Palinod. (Le Palinod était une confrérie et un concours poétique établis dans l'Université de Caen en l'honneur de l'Immaculée-Conception)

3º Pie IX proclame le dogme de l'Immaculée-Conception.

3e fenêtre

1er Compartiment

1º Songe de Joseph. *Noli timere.*

2º Marie et Joseph en voyage pour visiter sainte Elisabeth.

3º Visitation : *Magnificat.*

2e Compartiment

1º Naissance de Jésus-Christ.

2º Adoration des bergers.

3º Adoration des Mages.

COTÉ DE L'ÉPITRE
FENÊTRES GÉMINÉES

2e fenêtre

2e Compartiment

1º Mariage de la très sainte Vierge.

2º Marie et Joseph en prière.

3º L'Annonciation.

4e fenêtre

1er Compartiment

1º Purification de la Très Sainte Vierge.

2º Circoncision.

3º Songe de Joseph. *Surge et accipe.*

2e Compartiment

1º Massacre des Innocents

2º Fuite en Egypte.

3º Repos en Egypte.

La Crypte

<table>
<tr><td>

COTE DE L'ÉVANGILE

FENÊTRES UNIQUES

—

5e fenêtre

1o Intérieur de Nazareth.

2o Jésus retrouvé au Temple.
3o Noces de Cana.

———

7e fenêtre

1o Apparition de Jésus à Marie après la Résurrection.
2o La Pentecôte.

3o La Très Sainte Vierge communiée par saint Jean.

———

9e fenêtre

1o Les évêques (Mgr de Bayeux, Mgr Véroles, etc.) adressent à Pie IX la supplique qui demande le couronnement de Notre-Dame de la Délivrande.
2o Le R. P. Picot reçoit des fidèles les offrandes de bijoux ponr la couronne.
3o Pie IX bénit la couronne dans les mains du R. P.

</td><td>

COTÉ DE L'ÉPITRE

FENÊTRES UNIQUES

—

6e fenêtre

1o Rencontre de Jésus et de Marie sur le chemin du Calvaire.
2o Crucifiement. *Stabat.*

3o Notre-Dame-de-Pitié.

———

8e fenêtre

1o Mort de la Sainte Vierge.

2o Funérailles de la Sainte Vierge.
3o Les Apôtres au tombeau après l'Assomption.

———

10e fenêtre

1o Les couronnes portées en procession, au commencement de la cérémonie du Couronnement.

2o La statue de Notre-Dame couronnée par le Cardinal de Bonnechose.
3o La Vierge couronnée, portée en procession.

</td></tr>
</table>

11e fenêtre (la fenêtre du centre)

1o Assomption.
2o Couronnement dans le ciel.
3o La Sainte Vierge au jugement dernier.

Ces verrières portent des écussons en souvenir des donateurs. Deux, en particulier, ont l'écusson de la ville de Caen ; une a l'écusson de la ville de Falaise. Ces trois verrières sont dues à des collectes, faites, dans ces deux villes, par des personnes dévouées à l'œuvre.

Ne quittons pas le chœur de notre Chapelle sans avoir admiré le grand autel.

Tous les pèlerins venus à la Délivrande avant 1872, ont, sans doute, remarqué l'autel de l'ancien sanctuaire. Cet autel, en marbre de couleur, était surmonté de deux colonnes saillantes et de deux pilastres d'ordre corinthien, qui soutenaient un riche couronnement sous lequel était suspendue une Assomption d'un travail très correct. Cet autel, construit vers 1735, dans le style en faveur à cette époque, aurait su difficilement se placer dans un sanctuaire gothique. Il devait disparaître comme avaient disparu les autels des chapelles Sainte-Anne et Saint-Joseph, élevés dans le même temps.

Le nouvel autel, en marbre polychrome et en bronze doré, a obtenu la grande médaille d'or à l'exposition universelle de Paris. Trois bas-reliefs, en marbre blanc de Carrare, ornent le devant du tombeau. Le bas-relief central représente la dernière Cène où fut instituée l'Eucharistie ; les deux autres rappellent le sacrifice de Melchisédech et la manne du désert ; c'est-à-dire le saint sacrifice de la messe et la sainte communion figurés et préparés dans l'ancienne loi.

On lit dans les archives du pèlerinage, conservées au Chapitre de Bayeux, qu'en 1644, l'abbesse de Sainte-Trinité de Caen, faisait don à la Chapelle d'un tabernacle en ébène, relevé d'or et de petits tableaux ; ce tabernacle, qui fut placé au maître-autel, n'existe plus, depuis longtemps déjà.

Grâce aux largesses des pieux fidèles, des dames surtout, qui se sont dépouillées de leur joyaux au profit de cette œuvre, un tabernacle plus précieux encore, repose sous une espèce de ciborium en marbre blanc, qui s'élève au milieu des gradins du nouvel autel. La porte est d'ivoire. On y a représenté Notre-Seigneur Jésus-Christ en pied, et montrant son Cœur embrasé d'amour pour les hommes. Le reste n'est pas de matière moins rare. L'or, l'argent, les émaux, les bijoux, les pierres de toute sorte, revêtent cet édicule d'une richesse sans égale. Des figures au trait représentent de saints personnages, qui forment ainsi comme une garde d'honneur autour de l'Hôte divin de cette maison d'or, emblème elle-même du sein virginal de Marie, appelé par l'Eglise *Domus aurea.* M. Trioullier, de Paris, a exécuté ce travail d'art (1).

Le pavage du sanctuaire est composé de marbre

---

(1) Le même artiste doit confectionner la garniture de l'autel, ainsi que l'ostensoir, dont la riche matière sera fournie par les généreux serviteurs de Notre-Dame. On doit encore à M. Trioullier les deux beaux lustres du transept.

blanc avec incrustation de couleur. Sur cette mosaïque, d'un grand effet, se dressent : au centre, le
pélican, image de l'Eucharistie ; aux angles, les
symboles des quatre évangélistes. Des rinceaux, où
les fleurs et les feuillages empruntés à la flore
du XIIIe siècle, se mêlent à des animaux ailés,
encadrent les médaillons ou remplissent les vides
qu'ils laissent entre eux.

Ce pavage est digne du nouvel autel.

Une grille élégante, aux extrémités de laquelle
se dressent des piédestaux supportant des anges
adorateurs, ferme le sanctuaire et sert de table
de communion.

Le chœur proprement dit, et le reste de l'édifice,
à l'exception des chapelles de la nef, sont pavés en
mosaïque de Maubeuge.

Comme l'autel et le pavage du sanctuaire, les
stalles qui bordent le chœur, et qui présentent au
regard une si intéressante variété de sculptures,
sortent des ateliers de M. Jacquier, de Caen.

Un orgue de quatorze jeux, occupe une tribune
ménagée dans le clocher récemment construit.

Comme on peut s'en convaincre à première vue,
l'emplacement offrait une difficulté sérieuse. Le
talent et l'expérience de M. Debierre, facteur d'or-
gues à Nantes, en ont triomphé avec un plein succès.

Nous allons maintenant quitter l'intérieur de la
Chapelle et stationner quelques moments à l'extérieur. Ce sera, d'abord, pour admirer le nouveau
clocher. Quoique de même style que son frère, au-

quel il fait pendant du côté de la mer, il en diffère par les détails. On a été plus prodigue d'ornements. Une balustrade règne autour du corps carré. La flèche est percée à jour, et ses arêtes sont ornées de nombreux crochets. Les clochetons, très dégagés, sont reliés à la pyramide par des arcs-boutants. Alors que l'usage des temps anciens n'eût pas autorisé cette anomalie apparente, l'endroit même où s'élève le nouveau clocher, tout auprès de la niche qui porte la Statue miraculeuse, aurait légitimé une exception. Le lieu précis où se dresse le trône de Notre-Dame de la Délivrande, devait se distinguer par la richesse particulière de son architecture.

Le 22 août 1878, au jour anniversaire de la Fête du Couronnement, Monseigneur avait bénit la croix en fer surmontée d'une étoile, qui domine la flèche. Le donateur de cette croix magnifique était l'architecte lui-même, M. Barthélemy. Depuis ce temps, M. Barthélemy a quitté ce monde. Son dévouement pour le Sanctuaire de Notre-Dame de la Délivrande a reçu dans le Ciel, nous y comptons, sa grande récompense.

Avant de prendre congé du pèlerin, dont nous nous faisons l'humble guide, qu'il nous permette de la conduire sur la place qui s'étend derrière la Chapelle. Nous nous arrêterons à l'entrée de la route qui mène à la halte du chemin de fer, un peu en avant du bassin, capricieusement alimenté par ce ruisseau intermittent, l'une des curiosité du pays (1). Alors, nous retournant du côté du chœur, nous pourrons jouir facilement de sa belle ordonnance. De cet endroit, en effet, le chevet de l'édifice se présente plus dégagé et comme rehaussé sur un piédestal. Le toit élancé, les balustrades légères qui circulent autour des combles, et, plus bas, autour des sacristies ; les trois rangées de fenêtres, grandes et petites, qui ajourent les murs entre les contreforts nombreux, terminés par d'élégants clochetons ; ces deux flèches enfin, qui s'élancent si sveltes, comme pour aller porter au Ciel les vœux et les hommages des enfants de Marie : tout cet ensemble ravira, sans nul doute, l'admiration de notre pèlerin, comme elle ravit la nôtre. Volontiers, il dira avec nous : « Voilà bien le monument qui convenait à l'honneur de Notre-Dame de la Délivrande ».

(1) Quelques-uns dérivent le nom de Douvres de *Duvr*, qui, dans l'ancienne langue britannique, signifie eau. « On sait qu'un courant d'eau, qui est une espèce de Vitouard, prend sa source au-dessus de la Délivrande, d'un lieu qu'on appelle les *Caves de Douvres*, et va tomber dans la mer, entre les villages de Luc et de Langrune ». (Huet, *Les Origines de la ville de Caen*, 2ᵉ éd., Rouen, 1706, p. 315. — Fr. Ab. Hugo, *France pittoresque.*

APPENDICE II

Ode de Monseigneur Huet

Evêque d'Avranches

Cette ode composée par Monseigneur Huet, évêque d'Avranches, fut par ses soins gravée sur une plaque de marbre noir et apposée dans la Chapelle en ex-voto à Notre-Dame. Les principales strophes ont passé dans les hymnes de l'office propre de Notre-Dame de la Délivrande. Depuis longtemps, d'ailleurs, il était d'usage que les pèlerinages les chantent en arrivant à la Délivrande. Peut-être les lecteurs seront-ils heureux de posséder le texte intégral de Mgr Huet. J'y ai joint la traduction très élégante du P. Rabot.

Diva servatrix, bona Bajocani
Littoris custos, prece quæ rogantum
Non gravis flecti, mala Cadomæis
Finibus arces.

En cliens sacras tuus hic ad aras
Accidit pronus, meritosque, dulcem
Increpans plectro citharam sonante
Dicit honores.

Horruit fæto tua nactus arvo
Pastor effossa simulacra terra
Agna cui simplex præiit, latentis
Numinis index.

Ungula terram fodiens bisulca
Fertur obstipos tenuisse vultus
Immemor prolis pecus, et virentis
Immemor herbæ.

Proximis circum studiosa campis
Advolat pubes, rigidus colono
Ponitur vomis, labefacta linquit
Jugera fossor.

Inter arentes resupina glebas
Læta contingit manibus piorum,
Floribus spargi patiens odoris,
Prostat imago.

At bonus tandem precibus Sacerdos
Rite conceptis sterili jacentem
Erigit campo, stabilique celsam
Sede reponit.

Hic tuo pendent capiti coronæ,
Hic tuas flammis adolemus aras,
Hic odoratas tibi dant Sabæa
    Thura vapores.

Tu maris fluctus rapidos Britanni
Nutibus rectrix moderaris æquis ;
Te procul summa pavidus salutat
    Puppe magister.

Littoris compos dubiisque nauta
Te canit functus pelagi periclis,
Et coronatos decorat tabella
    Supplice postes.

Aridos per te rigat imber agros,
Imminens per te segetes adultas
Transvolat grando, tumidisque nutat
    Merges aristis.

Ad tuum tendens pia turba limen,
Oppidis exit bene feriatis
Frigidæ vernis ubi mitigantur
    Solibus auræ.

Floridis lente spatiata campis
Pompa dum procedit, io triumphe !
Plebs canit, læto præit ore sacra
    Verba Sacerdos.

Luciæ valles Doveræque circum
Adsonant saltus, viridesque ripæ,
Rupibus longe latitans marinis
    Adsonat Echo.

Flamines festis operantur aris :
Hinc et hinc supplex tibi languidorum
Turba procumbens onerat piis
    Altaria donis.

Te salutari relevas jacentum
Arte languores ; oculis tenebras
Pellis indulgens, et iniqua linguæ
    Vincla resolvis.

Per recurrentes revoluta febris
Temporum lapsus, fugit inquietis
Protinus membris : fugit æstuanti
    Aere pestis.

O parens Nati, sobolesque Patris,
Sive stellato dominaris axi,
Altior nimbis, et agente messes
    Altior astro.

Seu polo lapsam mage Cadomæa
Arva delectant, resonumque propter
Littus aurato tua templa gaudes
    Visere curru.

Nostra devoto tibi cumque Musa
Serviet plectro, tibi nostra serpet
Laurus æternis veneranda circum
Tempora ramis.

Laus Deum vivax maneat Parentem :
Natus extento celebretur ævo ;
Spiritus longis adolescat ingens
Gloria sæclis.

Amen.

Traduction

Divine Protectrice, gardienne tutélaire du rivage du Bessin, toi qui, facile à fléchir par la prière de ceux qui t'invoquent, repousses de la plaine de Caen les terribles fléaux, voilà qu'un de tes serviteurs vient s'agenouiller devant tes autels, accompagnant des accords de sa lyre harmonieuse le doux chant de tes louanges.

Il fut transporté d'admiration l'heureux berger qui, fouillant la terre, trouva dans un champ l'Image sacrée dont une brebis lui révéla la présence. Elle creusait raconte-t-on, le sol de ses pieds, y tenait fixés continuellement ses regards immobiles, oublieuse de l'agneau dont elle était la mère, oublieuse de l'herbe de la prairie.

Alors, accourt avec empressement toute la jeunesse du voisinage ; le laboureur laisse sa charrue, sans achever le sillon qu'il vient d'ouvrir. Etendue encore sur une glèbe stérile, la statue souffre avec joie l'empressement d'une foule pieuse qui la touche dè·ses mains et la couvre de fleurs parfumées. Mais bientôt un prêtre fidèle entonne les hymnes sacrées, relève du sol la sainte Image et la place sur un trône, dans un temple qui perpétuera sa gloire. C'est là, Vierge puissante, que des couronnes ceindront ton front ; c'est là que des flambeaux brilleront sans cesse autour de tes autels ; c'est là que l'encens d'Arabie exhalera ses parfums les plus purs.

Qui ne rend hommage à ton pouvoir ? Tu apaises à ton gré les flots impétueux de la mer Britannique, et le pilote, tremblant sur sa poupe, te salue de loin.

Maître enfin de la rive, échappé aux périls d'une mer capricieuse, il suspend, au milieu des couronnes qui décorent ton Sanctuaire, le tableau que t'ont consacré ses vœux. C'est toi qui attires sur nos champs desséchés, les pluies fécondantes ; c'est toi qui écartes des moissons mûries le nuage qui porte la grêle ; et la gerbe fertile va plier quand même sous le poids des épis.

Une foule pieuse sort en triomphe des villes voisines et accourt vers ton Sanctuaire, sitôt que le soleil du printemps adoucit les vents glacés de l'hiver. Alors, tandis que le cortège traverse à pas lents les campagnes fleuries, le prêtre entonne, d'une bouche joyeuse, les chants de louange que le peuple répète à l'envi. Les vallons de Luc, les bocages de

Douvres, les verdoyants rivages de la mer, retentissent de ces chants que répète l'écho lointain au fond des rochers qui se cachent sous l'onde.

Cependant, les prêtres célébrent les mystères solennels ; ici et là, la foule des infirmes tombe à genoux au pied de tes autels, les chargeant de pieuses offrandes. Alors, par ton secours merveilleux, tu rends la force aux membres épuisés, tu rends la lumière aux aveugles, tu romps les liens de la langue captive. Bientôt la fièvre, qui renaissait à intervalles comptés, fuit les membres du malade qu'elle ne cesse de consumer, et la contagion ne répand plus son souffle brûlant.

O Mère du Fils, noble fille du Père ! soit que tu règnes dans le Ciel au-dessus des nuages, au-dessus des étoiles et de l'astre qui règle les saisons ; soit que par amour pour les campagnes de Caen, tu te plaises à venir, sur un char brillant, visiter ton Sanctuaire, tout près du rivage où résonne le flot tumultueux, toujours ma muse te consacrera ses pieuses harmonies, et nos couronnes ceindront ton front sacré de leurs lauriers immortels.

APPENDICE III

Pieux usages de la Basilique

I. — Service du pèlerinage

1°. — Les missionnaires diocésains sont chargés de desservir la Basilique. Deux d'entre eux sont plus particulièrement à la disposition des pèlerins, l'un pour entendre les confessions, l'autre pour inscrire les messes, bénir et indulgencier les divers objets de piété, donner les scapulaires du Carmel, de l'Immaculée Conception, ou de la Passion, etc.

2°. — Chaque jour, il y a au moins deux messes de point, l'une à 6 heures, l'autre à 9 heures. Ordinairement, une autre messe est dite à 7 heures ½. Souvent aussi des messes sont célébrées en plus grand nombre, particulièrement à l'époque des pèlerinages.

3°. — Chaque soir, à la chute du jour, on récite le chapelet et la prière du soir. Cette récitation est suivie d'un Salut spécial au pèlerinage. En mai et en octobre, ce Salut est remplacé par les exercices du Mois de Marie et du Mois du Rosaire.

4°. — La Grand'Messe et les Vêpres ne sont célébrées que dans les fêtes de la Sainte Vierge, et le vendredi qui suit l'Octave du Saint-Sacrement, fête du Sacré-Cœur, Patron de la Communauté des Missionnaires.

Depuis la Toussaint jusqu'à Pâques, les Vêpres seulement sont chantées à 2 heures ½.

Les autres dimanches, il n'y . a ni Grand'Messe ni Vêpres.

5°. — La fête patronale de la Basilique est l'Assomption. L'anniversaire du Couronnement qui est en même temps celui de la Consécration de la Chapelle et de son Elévation au titre de Basilique, se célèbre avec une grande solennité, le jeudi dans l'Octave de l'Assomption.

L'Adoration perpétuelle a lieu le 8 septembre.

***

II. — Consécration des enfants

Un registre d'inscription placé aux pieds de la Statue vénérée, reçoit les noms des enfants consacrés à Notre-Dame de la Délivrande. La Messe de neuf heures est dite à leur intention le troisième samedi de chaque mois.

***

III. — Neuvaines — Recommandations

Les neuvaines commencent le jour même où on en fait la demande. L'offrande est facultative.

Les recommandations se font chaque jour à l'exercice du soir ; les prières du Salut et spécialement les litanies de la Sainte Vierge, se disent aux intentions recommandées.

*
* *

IV. — Ex-Voto

Les ex-voto destinés à rester toujours dans la Basilique, doivent être en marbre et avoir certaines dimensions. Des cœurs peuvent être également offerts.

Pour les renseignements, s'adresser au Père Sacristain de la Basilique à la Délivrande (Calvados).

*
* *

V. — Fondation d'une messe a perpétuité

Une messe pour les vivants et pour les morts a été fondée à perpétuité. Elle se dit le deuxième samedi de chaque mois. Pour y avoir part, il suffit de faire une offrande de cinq francs. On peut faire eette offrande pour des défunts.

*
* *

VI. — Entretien d'une lampe

Les pieux fidèles qui désirent qu'une lampe soit allumée devant la Sainte Image, à leurs frais, verseront pour l'entretien de cette lampe :

pendant un mois: 15 francs.

pendant six mois: 75 francs.

pendant une année: 120 francs.

VII. — Confréries

Les confréries établies dans la Basilique sont :

1°. — *La confrérie du Sacré-Cœur de Jésus.* — Elle fut canoniquement établie par l'autorisation de Monseigneur l'Evêque de Bayeux, en date du 6 juillet 1828, avec concession de toutes les indulgences accordées à l'Archiconfrérie de Rome. Réunion le premier vendredi de chaque mois, à neuf heures.

Le Culte perpétuel du Sacré-Cœur est organisé depuis longtemps. Il compte plusieurs milliers d'adhérents. Le but de cette Association est de former, pour chaque jour de l'année, une petite phalange d'adorateurs fidèles.

Il est donné à la sacristie, aux personnes qui en font la demande, des feuilles imprimées où les conditions d'admission du Culte perpétuel, sont indiquées avec les indulgences nombreuses qui se peuvent gagner.

2°. — *La confrérie du Sacré-Cœur de Marie.* — Etablie par Monseigneur l'Evêque de Bayeux et agrégée une des premières à l'Archiconfrérie de

Notre-Dame-des-Victoires, elle a pour but la conversion des pécheurs. La réunion des confrères et les recommandations se font le quatrième dimanche de chaque mois. Elles commencent à seize heures, de la Toussaint à Pâques, à dix-sept heures, de Pâques en octobre, à seize heures et demie, pendant le mois d'octobre. Si ce quatrième dimanche tombe pendant les Quarante-Heures pendant la quinzaine de Pâques, le jour d'une fête annuelle, les deux dimanches de la Fête-Dieu, le dimanche de la Présentation de la Sainte Vierge et la veille de Noël, la réunion est supprimée.

3°. — *La confrérie du Saint-Rosaire.* — Il semble bien prouver qu'elle existait avant la Révolution, car nous lisons dans les archives de l'évêché, que le Chapitre permit de l'ériger dans la dite Chapelle, le 31 juillet 1623. En outre, un règlement porté par le Chapitre, du consentement de Monseigneur de Nesmond, statue « que, tous les premiers dimanches du mois, l'on chantera la messe (à l'occasion du Rosaire) avec les vêpres et la procession autour de la Chapelle, jusqu'à nouvel ordre du Chapitre ». (12 novembre 1674). La confrérie actuelle fut établie le 27 avril 1884. Réunion tous les soirs à la chute du jour, pour le Chapelet, et le premier dimanche de chaque mois, pour la Procession. — La fête patronale se célèbre, en vertu d'un Indult, le dernier dimanche de septembre. Les indulgences attachées à cette fête patronale, se gagnent ce jour-là.

4°. — *La confrérie du Saint-Scapulaire du Carmel.* — Etablie en vertu d'une ordonnance de Monseigneur l'Evêque de Bayeux, en date du 15 novembre 1838. La réunion et la Procession ont lieu le troisième dimanche de chaque mois.

* * *

VIII. — INDULGENCES ATTACHÉES A LA BASILIQUE

Toutes les indulgences attachées aux Confréries ci-dessus désignées, peuvent être gagnées par une visite à la Basilique.

En plus, les indulgences spéciales attachées au pèlerinage sont :

1°. — Une indulgence plénière tous les samedis de l'année ;

2°. — Une indulgence plénière à toutes les fêtes de la Sainte Vierge ;

3°. — Une indulgence plénière, une fois chaque année, à la volonté des pèlerins ;

4°. — Une indulgence plénière, toutes les fois qu'on vient en procession ou en compagnie, sous la conduite d'un prêtre ;

5°. — Une indulgence plénière, le jour anniversaire du couronnement.

Pour gagner ces indulgences, il faut s'être confessé, communier et visiter la Basilique en priant aux intentions du Souverain Pontife.

TABLE DES GRAVURES

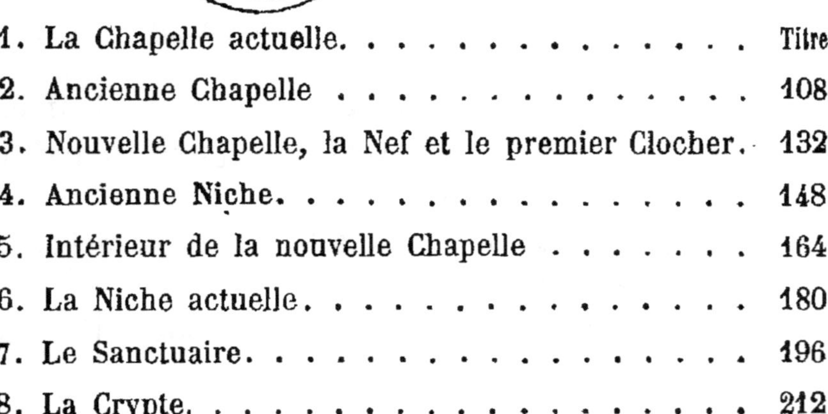

TABLE DES MATIÈRES